... wohlbedacht

noch einen Reim gemacht

Astrid Mazur-Schaar

… wohlbedacht

noch einen Reim gemacht

Gedichte

**Bibliografische Information
der Deutschen Nationalbibliothek**
Die Deutsche Nationalbibliothek verzeichnet diese
Publikation in der Deutschen Nationalbibliografie;
detaillierte bibliografische Daten sind im Internet
über http://dnb.d-nb.de abrufbar.

Impressum

© 2020 Astrid Mazur-Schaar

Herstellung und Verlag:
BoD – Books on Demand, Norderstedt

ISBN 978-3-7504-4147-7

Für Lisa

Du fehlst!
Du bist immer da!

Inhalt

Prinzipiell geschafft

An Kirchweih sagte sich die Gans:
"Ich glaub', ich gehe heut zum Tanz."

Seit Tagen hingen die Plakate,
zu künden von dem frohen Feste.
Die Gans – ihr Name war Agathe –
zog los, zu grüßen all die Kirchweihgäste.

Stolz den Bürzel hochgereckt,
so sah man watscheln sie am Morgen.
Als der Bauer das entdeckt,
tat schnell er sich 'ne Axt besorgen.

"Dir werd' ich helfen, dummes Vieh!"
lief der Bauer los zur Gans.
So wütend war der Mann noch nie.
Die Gans, sie hatte ihren Tanz.

Ja, *Kirchweihgans* stand auf Plakaten
und auch von *Tanz* und einem *Fest*.
Der Gänsebraten, wohlgeraten,
hing manchem beim Tanzen in den Gedärmen fest.

So kam die Gans irgendwie ans Ziel.
Doch ob die Kirchweih ihr gefiel?

Alle-11-Minuten-Wahrheit

Alle 11 Minuten verliebt sich ein Single.
Das sind nach 22 Minuten schon zwei
und nach 33 sogar drei,
vorausgesetzt, es ist nicht immer derselbe Schlingel.

Aber bleiben wir mal bei der Theorie,
alle 11 Minuten fliegt so ein Funken,
zu vereinen zwei Menschen in der Paar-Lotterie,
ist das nicht alles erlogen und erstunken?

Denn wenn sich alle 11 Minuten einer verliebt,
was macht das dann mit dem Zweiten?
Sofern es da keine Gegenseitigkeit gibt,
lässt sich die Statistik doch gar nicht ausweiten.

Also neu definiert, es verlieben sich zwei
ineinander alle 11 Minuten.
Da sind wir nach 'ner Stunde schon
                    mit knapp 12 Verliebten dabei.
Mir scheint, jetzt müssen wir uns sputen.

Die Liebe funktioniert schließlich rund um die Uhr.
Das macht täglich 24 Stunden.
Und da von Ermüdung absolut keine Spur,
haben sich nach einem Jahr
mehr als 95.000* Leute gefunden.

Eine beachtliche Zahl möchte mancher da meinen.
Wie fällt die insgesamt ins Gewicht?
Da sich in Deutschland jährlich
gut 400.000 Ehe-mäßig vereinen,
möcht' man sagen: gut 300.000 davon lieben sich nicht.

Irgendwie scheint mir, hinkt der Vergleich.
Liebes-Statistiken kann es nicht geben.
Aber wovon wird sonst der Betreiber reich,
der die Partnerbörse erweckte zum Leben?

*) 60 min / 11 min * 2 Pers. = 10,91 Pers. je 1 Std
–> 10,91 Pers. * 24 Std * 365 T = 95.563 Pers.

Die Überwindung der Schreibblockade

Auch Schiller hatte mal eine Blockade.
Das hat ihn frustriert. Das fand er schade.
Er fragte seinen Freund, den alten Goethe:
"Sag, mein Bester, wenn dir eine Kröte
im Hals steckt, wie kommst du wieder zum Singen?
Mir fällt es heut schwer, mich aufzuschwingen.
Es fallen mir partout keine Reime ein."

Und Goethe sagte:
          "Komm erst mal auf einen Schoppen Wein.
Dann gönnen wir uns Käse und ein paar Oliven,
bevor wir uns ins dichterische Denken vertiefen.
Und während wir sitzen auf unseren Hockern,
wird der Wein uns gewiss die Zungen lockern.
Ist man angeschickert und mit sich im Reinen,
klappt 's auch viel leichter dann mit dem Reimen."

Diese Logik konnte Schiller gleich nachvollziehen.
Ihn durchströmten schon die ersten Reim-Energien.
Doch noch immer tat er sich mit dem Thema schwer
und er seufzte: "Ich reime wohl nimmermehr."
"Hör auf mit diesem depressiven Gewinsel!
Erkenne: Jeder Dichter ist eine Insel.
Trink! Und dann hör auf, dich so aufzuführen!"

Da rief Schiller: "Jetzt hab' ich 's.
                    Ich schreib' was von Tieren.
Von Tieren, die den meuchlerischen Mord aufklären
an einem tapferen Manne, der sich nicht wehren
konnte gegen eine fiese Übermacht.
Außerdem war er müde, denn es war Nacht."
"Ja, ich sehe", sagte Goethe, "dir fällt jetzt was ein.
Sag, welche Tiere sollen es denn sein?"

"Ich denke an Vögel, die in Schwärmen fliegen,
die die Heerscharen begleiten nach tapferen Siegen,
die den Sänger umschwirren, der mit seinem Singen
erzählen will von des Korinthers Ringen.
Vor den Mördern aber kann der Sänger nicht fliehen
und die Vögel können nur ihre Kreise ziehen.
Zum Ende aber kommt doch alles noch ans Licht."

"Sehr gut. Was also schreibst du?" –
                    "Ein Kranich-Gedicht."

Kleiner Irrtum – Große Wirkung

Bei Ärzten, zum Beispiel Orthopäden,
trifft man im Wartezimmer auf jeden
Menschen, ganz egal wie alt oder wer er ist.
Manch einer kommt wegen seiner Arthrose,
ein andrer wartet auf eine Diagnose.
Die Warterei ist oft öd und trist.

Eine Oma, also eine mit chronischem Leiden,
blickt gerne sich um. Sie will nicht vermeiden,
zu andren Patienten auch nett zu sein.
Sie grüßt einfach alle, wenn sie kommen,
auch die, die sich nicht so freundlich benommen,
denn manch einer lässt sich auf ein Gespräch ja ein.

Da kommt eines Tages ein rechter Genosse.
Zur Begrüßung hebt er Hitler-mäßig die Flosse.
Er trägt Springerstiefel und ist ganz kahl.
Da ist unsre Oma vor Mitleid ergriffen,
denn wen sie vor sich hat, hat sie nicht begriffen,
und Anteilnahme ist für sie auch normal.

"Junger Mann", sagt sie, "es hat Sie hart getroffen.
Doch glauben Sie mir, man kann immer hoffen.
Eine Glatze nach der Chemo geht wieder weg.
Und dass Sie orthopädische Schuhe tragen,
bedeutet doch auch, dass Sie sich nicht mehr plagen."
Bei dieser Einschätzung kriegt der Nazi 'nen Schreck.

Soweit ich weiß, ließ der Typ sich
                                    die Haare dann wachsen
und er achtete drauf, dass er künftig in Praxen
seine Springerstiefel auch nicht mehr trug.
Und seitdem sein Aussehen also adretter,
wurde auch sein Benehmen allgemein netter.
Die Behandlung durch die Oma war doch irgendwie klug.

Der Cheops-Tempel

Cheops, ein ägyptischer Pharao,
wurde seines Lebens nicht mehr froh.
Die Gelehrten hatten ihm gesagt,
– wahrheitsgemäß, denn er hatte gefragt –
dass die Zeit seines Daseins viel kürzer sei,
als die seines Todes, wenn das Leben vorbei.

Das brachte den Cheops aus dem Konzept.
Er verkündete laut: "Untertanen, ihr schleppt
mir ganz schnell viele kantige Steine heran,
damit ich ein mächtiges Grab bauen kann.
Auch wenn ich dereinst nicht mehr unter euch bin,
so verlangt doch mein Leben nach höherem Sinn.
Ein Grabmal, so gewaltig, wie sonst keins auf der Welt,
verlange ich, dass ihr mir da drüben hinstellt."

Natürlich hatte das Volk am Nil
damals gerade kein anderes Ziel.
Kein Krieg war zu führen, keine Schlacht zu gewinnen,
am Felde, da waren die Bäuerinnen.
So gingen die Männer, zu klopfen die Steine,
die der Cheops brauchte für seine Totenschreine.

Einen riesigen Tempel gleich einem Palast.
Nicht kleckern, nur klotzen – es wurde geprasst.
Allein für das riesige Fundament
wurde im ganzen Orient
nach stärkstem Granit gesucht und gegraben,
denn Cheops wollte nur das Beste haben.

Doch kaum war das Fundament gesetzt,
die nächste Lage dazu auch versetzt,
da stellte man fest, dass zum rechten Gelingen
das Volk musste noch viel mehr Steine herbringen.
Der Cheops wollte täglich Rapport,
doch kam er nur selten selber zum Ort,
wo der Grundstein gelegt, wo der Tempel entstand
und wo in der Mitte schon stand manche Wand.

Das Zentrum des Grabmals wuchs höher und breiter,
denn Cheops wollte eine Himmelsleiter,
um nach seinem Tode mit allen Göttern
vom Himmel gemeinsam herab zu wettern.
So wurden alle Steine nach oben verbaut
und dem Tempel wurde die Optik versaut.

Als der Cheops den Bau tat besichtigen,
konnte man ihn kaum beschwichtigen.
Er zürnte, er raste, er schnaubte vor Wut.
Er kochte so sehr, dass sein Kopf ganz blut-
rot anlief. Er japste vor Atemnot.
Dann fiel er um und er war tot.

Die Priester standen seltsam betroffen.
Das Problem zu lösen ließen sie offen
für den Baumeister, der nun in zeitlicher Not
der Arbeiterschar mit Strafen droht',
sofern das Grabmal erkennen ließ,
was den Herrscher einstmals so *verdrieß*.

Es maulten die Männer: "Die Himmelsleiter,
die bauen wir wirklich jetzt nicht mehr weiter.
Wir nehmen ein paar Steine von der Spitze herab
und stellen sie rund herum um das Grab.
Die Quader sind glatt. Sie liegen parat.
Am besten, wir legen sie im Quadrat."

Doch da der Steine Zahl allgemein zu gering,
schon bald eine neue Debatte anfing.
"Wir müssen nach oben die Seiten verjüngen.
Nur so kann uns der Trick noch gelingen.
Unten breit, oben spitz, die Steine solide,
wir nennen das Ganze eine Pyramide."

Doch mitten während der Pfuscherei
ertönte ganz plötzlich ein gellender Schrei:
"Weh uns, oh Götter, wir waren vermessen
und haben des Pharaos Schrein vergessen.
Jetzt liegt er am Grunde des Tempels begraben,
und, auch wenn die Pyramidenspitze erhaben
sich reckt, oh, es ist ein wahrer Jammer:
Wir brauchen noch eine Königskammer!"

Das kleine Malheur ward schnellstens behoben.
Ein leerer Sarkophag wurde eingeschoben.
Zwei, drei schiefe Gänge wurden ausgespart,
während keiner mehr wusste, wo der König verscharrt.
Ganz schnell wurde eine Spitze oben aufgesetzt,
in der Hoffnung, dass es der tote Pharao schätzt.
So wurde das Bauwerk doch noch imposant,
wenn auch nicht als mächtiger Tempel bekannt.

Der Pharao Cheops aber ruhet in Frieden
und wäre er nicht so plötzlich verschieden,
so hätte man seinen Tempel beendet
und wahrscheinlich seine Schätze entwendet.
Denn nur weil Pfusch am Bau vollstreckt,
hat man das Grab noch nicht entdeckt.
Und die andren Pharaonen, die auch Pyramiden gebaut,
die haben das alles nicht durchschaut ...

Lieber dichten als kehren

Den Dichterfürst in seiner Kammer
plagte schlimmster Katzenjammer.
Seine Magd war durchgebrannt,
hatt' ihn verlassen und das Land.
Und darum war es in der Stube
schmutzig – fand der Dichterbube.

Also fing er an zu träumen,
dass sich Sachen selbst aufräumen,
dass sich Wäsche selber wasche,
dass sich selbst rausträgt die Asche
und dass er, das Dichterwesen,
Herrscher über viele Besen,
über Schrubber, über Eimer ...
Ja, so sann der große Reimer.

Und er zückte seine Feder,
festzuhalten, dass ein jeder ...
Aber halt! Welch böse Falle,
Zaubertricks sind nicht für alle.
Also schnell noch ein paar Dramen,
bloß nichts, um das nachzuahmen.
Zauberlehrling, Hexenmeister,
losgelass'ne böse Geister.

Grade noch mal gut gegangen,
neues Werk auch angefangen.
Wie wär' es, wenn in den Nächten
Zwerge alles das vollbrächten,
was an läst'ger Hausarbeit
man nicht schafft. Die Dunkelheit
wär' ein idealer Raum.
Während also man im Traum
sich erholt und schläft bei Nacht,
wird alle Hausarbeit gemacht?

Der Dichterfürst, mit sich zufrieden,
hat jedoch zunächst entschieden,
erst die Stube aufzuräumen.
Später wollt' er weiterträumen,
die Geschichte von den Zwergen,
die bei Tage sich verbergen
und bei Nacht so fleißig schaffen,
niemals ruh'n, kein Pfeifchen paffen,
die der Menschen Arbeit tun.
Barfuß wär'n sie, nicht in Schuh'n.

Doch am End' der Hausarbeit
war der Dichter nicht bereit,
sich noch einmal hinzusetzen,
seine Feder anzuwetzen
und das Zwerggedicht zu schreiben.
Erst wollt' er sich einverleiben
Brot und Speck aus seiner Kammer.
Ach, es ist ein echter Jammer,
denn mit vollgefress'nem Magen
war der Dichter angeschlagen,
musste sich erst auskurieren.
Schluss war 's mit dem Fabulieren.

Als der Dichterfürst genesen,
erinnerte er nur den Besen
und den Eimer und das Wasser
und dass er auch der Verfasser.
Auch ganz dunkel wollt' ihm scheinen,
noch ein weiteres zu reimen,
doch fiel es ihm nicht mehr ein
und drum ließ er es dann sein.

Jedoch ein andrer Dichter hier
bracht' die Mär noch zu Papier.
Bei ihm war'n es nur keine Zwerge,
die Heinzelmännchen war'n am Werke.

Zwei Dichter, die sich gar nicht kannten,
im Geiste wurden zu Verwandten,
vereint durch ihre Aversion
zu Hausarbeit und Arbeitsfron.
Geblieben sind zwei schöne Geschichten,
geschrieben von den beiden in Form von Gedichten:
"Der Zauberlehrling" und sein Kampf mit dem Besen
und "Die Heinzelmännchen", die in Köln gewesen.

Göttliche Langeweile

Der Herrgott saß auf seinem Thron.
Er hatte Langeweile.
Es drohte eine Depression.
Geboten war nun Eile.

Die Engel schickt' vom Himmel er,
um guten Rat zu suchen.
Als Erster kam der Luzifer
zurück mit lautem Fluchen.

"Du, Herrgott, wenn dir öde ist,
da hätt' ich was zu bieten.
Ich würde dir – da ist 's zwar trist –
die Erde mal vermieten.

Du könntest dort nach deinem Sinn
dir Ebenbilder schaffen
und für den größ'ren Lustgewinn,
da gäb' ich ihnen Waffen."

Der Herrgott denkt kurz nach und nickt.
Das klingt nach Unterhaltung.
So haben sich die zwei verstrickt
in die irdische Gestaltung.

Was Gott jedoch hatt' nicht bedacht,
dass Luzifer, der Fiese,
die Waffen schon im Voraus gemacht
in diesem Paradiese.

So kann der Herrgott immer nur
im gütigen Bestreben
die pazifistische Struktur
nach schlimmsten Kriegen geben.

Der Luzifer ... stets einen Schritt
voraus mit seinen Plänen. –
Der Herrgott, leider, kann somit
sich nie im Vorteil wähnen.

Ach, hätt' er seiner Depression
sich einst nicht hingegeben,
dann wär' womöglich heut sein Sohn
nicht tot, sondern am Leben.

Das Ganze nennt man Teufelskreis.
Gott nahm sich den Berater.
Wir Menschen sind hier der Beweis
für das endlose Theater.

Lässt sich hier eine Lehre zieh'n?
Kann man dem Kreis entrinnen?
Kann man dem Teufel noch entflieh'n
und noch mal von vorn beginnen?

Mir scheint, dass Gott auf seinem Thron
die Lust am Menschen vergangen.
Das Spiel gewinnen ... Illusion.
Luzifers Plan ist aufgegangen.

Die Erde wird drum irgendwann
sich trist im Weltall drehen,
menschenleer, wie es begann,
und Gott wird sich endlich verstehen.

Kalter Krieg

Die Berühmtesten, von denen wir lesen,
sind in der Regel Mörder gewesen.
Sie waren Kaiser, Könige, Weltenregierer,
Kriegsgewinnler und Menschen-Ausradierer.

Zwar haben sie imposante Reiche geschaffen,
doch selten mit Güte, meist nur mit Waffen.
Kein Wunder, dass auch heut noch ein jeder Despot
die Welt mit seinem Arsenal bedroht.

Denen muss es doch heftig im Finger jucken.
Jener "rote Knopf", über diesem zucken
sie. Dieses elende Warten,
endlich mal eine Rakete zu starten …

Das ist wie mit kleinen Kindern und Überraschungsei,
früher oder später ist die Geduld vorbei.
Und danach schau'n wir mal, ob noch einer lebt,
der dieses Arschloch auf den Sockel hebt.

Flächenbrand

Die Liebe ist ein Flächenbrand.
Das hat schon Sigmund Freud erkannt.

Erst bildet sich die zarte Glut.
Da ist der Liebeswahn akut.
Zum Lodern braucht es gar nicht viel.
Verliebte sind oft grenzdebil.

Nichts zählt mehr als das Gegenüber.
Im Leben geht es nur noch drüber
und drunter. Alles schmerzt und pocht.
Man ist die Kerze und der Docht.

Man ist die Glut, man ist die Flamme.
So geht 's dem Herrn, so geht 's Madame.
Gemeinsam brennt man in der Nacht.
Man löscht, was man sich hat entfacht.

Man legt auch manchmal Scheite nach.
Die Liebesglut liegt selten brach.
Doch irgendwann vergeht das Feuer.
Weh dem, der es nicht stets erneuer'.

Dann wird man Asche, grau verweht.
Gut wär' es, wenn man schweigt diskret.
Denn ist der Wald erst abgebrannt,
wird leicht zum Spott man Gegenstand.

Man gehe besser zum Psychiater.
Das fand schon Freud, der Psycho-Vater.

Der Schotte MacMoney

Die Schotten sind bekannt für ihren Geiz.
Das hat manchmal durchaus besonderen Reiz.

Zum Lokalblatt kam eines Tages MacMoney
und sagte: "Gestern verstarb daheim *My Dear Honey*.
Eine Traueranzeige muss ich nun schalten.
Du kennst mich, ich möchte sie schlicht gestalten.
Also schreibe bitte: Mary ist tot."

Der Zeitungsmann sagt: "Schockschwerenot!
Das nenne ich, gleich auf den Punkt gekommen.
Doch fürs gleiche Geld kannst du
                          sieben Wörter bekommen.
Willst du dir dann einen neuen Text überlegen?"

MacMoney denkt kurz nach und sagt: "Meinetwegen."
Er fährt fort, ohne rot anzulaufen:
Dann schreib: "Mary ist tot.
                      Gebrauchter Golf zu verkaufen."

Bärenkunde

Die Welt ist übervoll mit Bären.
Lasst euch das von mir erklären:
"Alles Käse!" meint der Camembär.
Abär glaubt mir, was weiß denn schon der?

Jedes Jahr im Oktobär
färbt sich das Laub zinnobär.
Ein arbeitsloser Webär
schnüffelt Allesklebär.

Schräg mir gegenübär
wohnt ein Nasenstübär,
der bei Schneegestöbär
wird auch immer gröbär.

Am Friedhof höchst makabär
trifft man auf den Gelabär.
Es schlug der Wagenhebär
ihm mächtig auf die Lebär.

Denn der war ein Strebär
bei seinem Arbeitgebär
und erfolgreich bei den Weibärn
im Gegensatz zu den Sitzenbleibärn.

Abär so ein Saubär
hat auch seinen Zaubär.
Der ist mir noch viel liebär
als ein Bär mit Fiebär.

Treff' ich mal einen Räubär,
dann zück' ich den Zerstäubär.
Damit wird sein Blick ein trübär
und er wundert sich. – Worübär?

Ihr seht, die Bären sind übärall.
Drum gab es auch neulich einen Zwischenfall.
Da traf so ein Bär einen Tiger.
Sie kämpften, abär keiner blieb Sieger.

Der Streit wurde immer widerwärtiger.
Nach dem Kampf waren beide fertiger
als vorher. Das sah ein Bärtiger,
doch er war verabredet anderwärtiger.

Das Boot ist voll

Das Boot ist voll,
ich will hinein,
doch lässt man mich
nicht auch noch rein.

Ich bin in Not,
verzweifelt gar,
für die im Boot
bin ich Gefahr.

Sie sehen nur
das eig'ne Ziel.
Das Boot liegt grade
noch stabil.

Ein kleiner Sitz
wär' fast noch frei.
Ich wär' so gern
im Boot dabei.

Doch keiner reicht
mir seine Hand.
Angeblich ist hier
nichts vakant.

Das Wasser steht
mir bis zum Hals.
Ich schaffe das
ja keinesfalls.

Im Boot wird hef-
tig diskutiert,
ob man mit mir
zu viel riskiert.

Was spricht da-
gegen, was dafür?
Oh, bitte, öff-
net mir die Tür.

Doch hinter mir,
noch mehr Gedräng'.
Hier vor dem Boot
wird 's richtig eng.

Ich frag' mich bang,
kaum bin ich drin,
wo wollen die
nur alle hin?

Die wollen doch
nicht auch noch rein?!
Das Boot ist voll.
Das darf nicht sein!

Vergessen ist
die eig'ne Not,
die mir verhalf
zum Platz im Boot.

Und in der Panik,
die ich spür',
keimt auch ein schlecht's
Gewissen mir.

Flüchtiger verflogener Moment

Ein Jüngling küsst am Goetheplatz
mit einem Schmatz
seinen liebsten Schatz,
woraufhin am Platz des Goethe
das Mädel zart erröte.

Es dreht sich gar das Dichterhaupt,
denn dieses ist nur angeschraubt,
zu diesem jungen Liebespaar,
das völlig von den Socken war,
weil was es sah, es nicht geglaubt.

Da drehte Goethe sich wieder um.
Schade irgendwie und auch zu dumm,
denn beinah hätt' er noch einen Vers gesagt,
was er vernünftigerweise dann doch nicht wagt.
Er blieb also völlig stumm.

Vom Nutzen der Bäume

Ein Baum, der in der Landschaft steht,
macht Sauerstoff für den Planet.

Ist er ein Früchtebaum sogar,
trägt reichlich Obst so manches Jahr,
verhilft er Mensch und Tier zur Nahrung.

Und manchmal hilft er bei der Paarung,
wenn Liebende in seinem Schatten
sich hemmungslos im Gras begatten.

So kann ein Baum ja vieles geben
und – wo er steht – auch viel erleben.

Er ist der König aller Pflanzen.
Seine Krone trägt er im Großen und Ganzen
aufrecht mit erhobenem Haupt,
manchmal kahl und manchmal belaubt.

Auf ewig könnte das so weitergehen
und der Baum sogar tausend Jahre dastehen,
wenn, ja wenn nur der Mensch nicht wäre.

Der kommt diesem Lebensplan in die Quere.
Er denkt, einen Baum, den muss man gebrauchen,
ihn fällen, zersägen und in Lösungen tauchen,
um aus ihm zahlreiche nützliche Sachen
wie Häuser, Boote, Möbel oder Brennholz zu machen.

Aus der Sicht des Baumes möcht' man meinen fast,
es wär' besser, der Mensch hängt sich an einen Ast.

Nachts im Unterholz

Ein Glühwurm machte sich auf den Weg.
Er tänzelte rauf, er tänzelte schräg.
Weil 's dunkel war, da sah er nicht,
drum machte er sich ein wenig Licht.

Nur kurz zum Flug über die Lichtung,
damit er weiß, in welche Richtung
er fliegen muss, denn – ohne Scheiß –
im Dunkeln fliegt man leicht im Kreis.

Er aber wollte zur andren Seite gelangen,
ein ziemlich mühsames Unterfangen.
Doch dieser Glühwurm hatte ein Ziel,
denn ihn drängte es hin zum Liebesspiel.

Er hatte das lange Warten satt.
Er dachte entschlossen: "Ich begatt'
heute eine fesche Glühwurmdame,
die ich zum Schluss dann voll besame."

So war der Plan vom Glühwurmmann.
Er knipste sein Licht mal aus, mal an.
Was er jedoch tat nicht verstehen,
man hat dabei ihn auch gesehen.

Und weil die Damen ihn nicht mochten,
den sexbesess'nen, ausgekochten,
triebgesteuerten Glühwurm-Geck,
flogen sie im Dunkel ohne Licht einfach weg.

In der Hecke, wo 's grad noch so heftig geglüht,
war niemand zu finden. Vom Flug etwas müd
setzte der Glühwurm sich hin, auch ohne Sex schlapp.
Das war ein Fehler, denn es machte "Schnapp!"

Ein Igel, der hier durchs Unterholz schlich
und dem kein leckerer Happen entwich,
verspeiste ihn in einem Stück
ohne zu kauen. Das war sein Glück.

Doch es war natürlich auch eine gewisse Blamage,
als der Glühwurm nach der Darmpassage
aus dem Anus des Igels kam geflogen,
da hat sich dieser glühende Furz schnell verzogen.

Zum Glauben bekehrt

Ein Atheist ging mal im Wald spazieren.
Er erfreute sich an Pflanzen und Tieren,
die per Zufall entstanden durch die Evolution.
Er genoss all die Schönheit – ohne Religion.

Und während er sich an der Natur ergötzte
und mit seiner Brotzeit auf eine Lichtung setzte,
da verbreitete sich ein leckerer Duft
ringsum im Wald in der Abendluft.

Ein Bär, der gerade ein paar Beeren naschte,
den Geruch von schmackhaftem Essen erhaschte.
Schon eilte er zu diesem Wandersmann
mit der Absicht, dass er auch etwas abhaben kann.

Der Atheist hat erst mal recht blöd geschaut,
doch als sich der Bär vor ihm aufgebaut,
da wurde ihm angst, da wurde ihm bang
und dann lief er davon zum nächsten Hang.

Der Bär hinterher, denn bei seiner Flucht
über den Hang in Richtung Schlucht
hat der Atheist die Brotzeit ja mitgenommen.
Das hat ihm der Bär echt übelgenommen.

Weil der Boden so steil war, fiel der Flüchtende hin.
Für den Bären war das ein Zeitgewinn.
Just als er die Brotzeit zu nehmen gedachte,
der Atheist den Mund aufmachte.

Er rief im Glauben auf das nahe Verderben
und weil er überzeugt war, jetzt müsse er sterben,
"Oh, mein Gott!" und dann machte er die Augen zu.
Die Zeit stand still. Es herrschte völlige Ruh.

Der Bär erstarrte, der Wind blies nicht mehr,
der Fluss floss auch nicht, kein Tropfen kam her,
vom Himmel erstrahlte ein gleißendes Licht,
dann hörte der Atheist, wie eine Stimme laut spricht:

"Du bist mir ein Bürschchen, kaum wird es gefährlich,
rufst du nach mir, obwohl ich dir so entbehrlich
all die Jahre erschien. Du hast stets bestritten,
dass ich existiere. Nun tät'st du mich bitten.

Nachdem du ständig andern in den Ohren gelegen,
dass es die Schöpfung nicht gab, die Evolution hingegen
einem kosmischen Zufall entsprungen soll sein.
Ganz ehrlich, trittst du wirklich in die Kirche jetzt ein?"

"Du hast Recht", sagte nun der Atheist,
"das wäre in der Tat Heuchelei und Mist.
Doch nachdem du schon mal erschienen bist,
mach doch aus dem Bären einen guten Christ."

"So sei es", sprach Gott, "ich will nicht nachtragend sein."
Er verschwand. Zurück blieb ein diffuser Schein.
Der Fluss floss weiter, der Wind blies wieder,
die Tiere erwachten, der Bär kniete nieder.

Seine Pranke nahm er vom Brotzeitsack,
er bekreuzigte sich: links, rechts, zickzack.
Dann sprach er: "Komm, Herr Jesus, sei mein Gast
und segne, was du mir bescheret hast."

Die Magie des Einhorns

Ein Pferd mit einem Horn ganz vorn,
so spitz als wäre es ein Dorn,
wird Einhorn allgemein genannt
und magische Kräfte werden ihm zuerkannt.

Doch hat man noch nie eines fliegen seh'n
oder am Meeresgrund unter Wasser steh'n.
Auch ist noch keins auf Skiern den Berg hinabgebrettert
oder hat mit lauter Stimme von der Kanzel gewettert.
Kein Einhorn hat je einen Drachen bezwungen,
die Chinesische Mauer auch nicht durchdrungen.

Worin also liegt die geheime Magie
des Einhorns? Man sieht es ja nie.
Das ist es! Ich weiß es! Es lässt mich laut lachen.
Das Einhorn kann sich unsichtbar machen.

Gummibärchens Schicksal

Ein kleiner roter Gummibär,
der fürchtete sich arg und sehr.
Er wollte nicht gefressen werden.
Er wollt' bleiben hier auf Erden.
Denn so viel gab es zu sehen.
Er wollt' alles ganz verstehen.

Zum Beispiel, wovon Gummibären
allgemein sich wohl ernähren.
Denn es wunderte ihn auch,
woher er hatte seinen Bauch.
Alle Bären waren dick.
War das nun Schicksal oder chic?

Ängstlich dacht' er: "Meine Güte!
Ich bin allein hier in der Tüte."
Und schon tastet eine Hand
sich entlang der Tütenwand,
um den letzten Gummibär
hervor zu zerren zum Verzehr.

Die Hand verharrt, ist noch unschlüssig.
Das Bärchen schwitzt, ist fast schon flüssig.
Da zieh'n die Finger sich zurück.
Der Gummibär hat noch mal Glück.
Doch dann bekommt er einen Schreck.
Man wirft ihn mit der Tüte weg.

Er klebt am Boden höchst frustriert,
weil alles, was ihn interessiert,
er nie erfährt. Wen sollt' er fragen?
's ist niemand da, der ihm könnt' sagen,
was der Lebenszweck aller Gummibären.
Man kann das doch nicht jedem einzeln erklären!

Tango

Ein Tausendfüßler hat Probleme,
welch Bein er denn als Erstes nehme.

Als er die Tausendfüßlerin
geführt zum Tanzparkette hin,
da ließ er völlig außer Acht
und hat auch gar nicht nachgedacht,
dass er den Rhythmus sehr wohl spürt,
doch gar nicht weiß, wie man gut führt.

Bam ... Bam ... Ram-bam-bam,
so fängt die Tangomusik an.
Der Tausendfüßler bleibt noch stehen,
die -füßlerin wippt mit den Zehen.
Die Spannung steigt, erwartungsvoll
die -füßlerin sich an ihn schmiegt.
Er weiß nicht, was er nun tun soll,
doch die Verzweiflung schließlich siegt.

Links, rechts, Wiegeschritt,
        bleib im Tritt.
Lang, lang, rechts herum,
        nimm den Schwung.
Aufgepasst, das elfte Bein
        hakt sich mit dem zwölften ein.
Lass dir nichts merken an,
        noch geht es gut, noch kommst du an.

Doch die -füßlerin
      fällt nun hin
und im Wiegeschritt
      der nächste Tritt
ins Leere geht.
      Jetzt ist 's zu spät!

Das arme Tausendfüßler-Paar
liegt nun am Boden langgestreckt
und hätte sich – das ist wohl wahr –
am liebsten irgendwo versteckt.

Die andern Tangotänzer aber
stell'n ihr Tanzen sofort ein
und ohne irgendein Palaver
sortiert man hilfreich Bein für Bein.

Der Tausendfüßler sich bedankt,
die -füßlerin noch etwas schwankt.
Zerknirscht dem -füßler sie gesteht,
dass sie nicht weiß, wie Tango geht.

"Das macht doch nichts!" sagt er zu ihr.
"Genauso geht es schließlich mir."
Die Menge lacht und gibt Applaus.
Dann geht man frohgemut nach Haus.

So kam der Tausendfüßler dann
trotzdem an seinem Ziele an.
Problem gelöst! Oh, welch ein Glück!
Trotz dem Tango-Missgeschick.

Ein Wort

Ein Wort kann eine Brücke sein,
kann Schluchten überwinden.
Ein Wort ist oft ein Meilenstein,
die Völker zu verbinden.

Ein Wort kann auch im Gegenteil
zerbrechen alle Brücken.
Ein Wort, gesagt als Vorurteil,
kann Liebe leicht erdrücken.

Ein Wort – darin liegt alle Macht
im Argen und im Schönen.
Ein Wort, gesprochen wohlbedacht,
vermag auch zu versöhnen.

Ein Wort kann eine Brücke sein,
kann alle uns vereinen.
Ein Wort: **Wir!** – statt jeder allein –
nur muss man es auch meinen.

Erschreckende Erkenntnis

Eine fremde Frau steht bei mir im Bad.
Sie starrt mich seltsam an ...

Sie dreht den Kopf, wenn ich ihn dreh',
sie schneidet eine Frikassee.
"Grimasse" mein' ich, so ein Scheiß,
dass ich das rechte Wort nicht weiß.

Die fremde Frau macht mich nervös.
Wenn sie nicht geht, werd' ich gleich bös.
Was will sie hier? Wie kam sie rein?
Wieso lässt sie mich nicht allein?

Wenn ich sie einfach ignorier',
verschwindet sie vielleicht von hier ...

Und plötzlich wird mir alles klar:
Die Frau bin ich im Spiegel gar.
Hab' 10 Minuten echt gebraucht,
bis die Erinnerung aufgetaucht.

Ich will nicht, dass mir das passiert,
denn wenn man den Verstand verliert,
zieht man sich langsam Stück für Stück
von seinem eig'nen Ich zurück.

Und mein Körper bleibt nur ein leerer Eimer –
Scheiß-Alzheimer!

Bauer Jochen und seine Frau

Bauer Jochen
ist ein harter Knochen.
Er hat sich vor zwei Wochen
den Kiefer gebrochen.

Seine Frau, mit der er seit vielen Jahren
verheiratet ist, ist mit ihm gefahren
zum Arzt in die Stadt, denn Jochen konnte nicht sprechen.
Was musste sich dieser Trottel auch den Kiefer brechen?

Der Zug war voll, beide mussten stehen.
So voll war es, man konnt' es nicht sehen,
dieses Schild "Bitte nicht an die Türen lehnen!"
Die Frau war müde. Sie musst' dauernd gähnen.

Sie schlief also irgendwie im Stehen
an die Tür gelehnt und konnte nicht sehen,
wie diese aufging. Erwacht beim Fallen
konnt' die Frau sich nicht mehr fest wo krallen.

Teilnahmslos stand Jochen neben der Tür.
Abgesehen davon, er konnt' nichts dafür.
Ein Mitreisender aber, vom Schock bewegt,
hat sich maßlos über Jochen nun aufgeregt.

"Also ehrlich, was sind Sie nur für ein Stück Dreck!
Ihre Frau fiel aus dem Zug, sie ist raus und weg.
Und Sie stehen da ohne Reaktion!"
Der Mann hatte richtig Wut im Ton.

Also dachte sich Jochen, er muss es probieren,
was zu sagen, um auf den Vorwurf zu reagieren.
Es fiel ihm schwer,
            den Mund beim Sprechen aufzumachen.
Er sagte: "Ja, tut mir leid,
            doch ich kann grad nicht lachen."

Es ist 5 vor 12

Es ist 5 vor 12! Was soll das bedeuten?
Hören wir etwa dann die Glocken läuten?
Was wird in fünf Minuten passieren?
Hören wir gar auf, dann zu existieren?

Und wie lange hält dieser Zustand schon an?
5 vor 12, das ist wie ein endloser Bann.
Generationen vor uns, welche lange schon tot,
hat man mit dieser Uhrzeit auch schon gedroht.

Müsste nicht die Zeit inzwischen vergehen
und der Zeiger wenigstens auf 4 vor 12 stehen?
Sonst wirkt doch diese ganze Drohgebärde
bei keinem Bewohner auf dieser Erde.

Wir sind doch alle so schwer von Begriff
auf diesem langsam absaufenden Schiff.
Es ist 3 vor 12! Der Countdown tickt.
Ich glaub', der Zeiger ist wieder vorgerückt.

Lästige Sinnsuche

Es ist dunkel und gleichzeitig hell.
Bewegungslos bin ich und schnell.
Totenstill, unerträglich so laut,
in den Abgrund nach oben geschaut.
Gestank, wohlriechender Duft,
im Vakuum Atemluft.
Bitter, salzig und süß,
geschmacklos, geruchlos, gewiss,
vage, durchlässig, kompakt,
verschwommen, oberflächlich, exakt.

Ich treibe im unendlichen All
nach oben im freien Fall,
stehe fest auf dem Boden der Erde.
Werde – vergehe – werde –
vergehe auf ewige Zeiten,
implodiere, um mich auszubreiten.
Bin außen, bin innen,
geistig klar und von Sinnen.
Ich bin meine eigene Illusion.
Wissen das die andern schon?

Nur ein Stein

Es liegt ein Stein am Wegesrand,
bisher völlig unerkannt.
Ein kleiner Fleck, so rot wie Blut,
leuchtet in der Abendglut.

Ein Eichelhäher fliegt vorbei
und lässt mit einem lauten Schrei
auf diesen Stein den Vogeldreck
fallen auf den roten Fleck.

Der Stein liegt weiter unerkannt
und unbewegt am Wegesrand.

Du Wand'rer, wenn den Stein erblickst
und dich danach vielleicht auch bückst,
bedenke wohl, dass dieser Stein
könnte ein Beweisstück sein,

dafür, dass Eichelhäher
sind vorzügliche Späher,
die punktgenau im Fluge scheißen.
Ja, das könnte dieser Stein beweisen.

Also sei bei Eichelhähern auf der Hut.
Die treffen gut.

Und auch bei Steinen, die am Wegesrand liegen,
könnte der erste Eindruck durchaus trügen.

Am vertracktesten wird die Situation
– na, ahnst du 's schon? –
wenn am Wegesrand du innehältst
und in dir die Frage wälzt:

Wie kam denn jener rote Fleck
– ja, der unter dem Vogeldreck –
auf diesen Stein, bevor der Schiss
dich aus den Gedanken riss?

Und schwupp, eh du dich hast versehen,
am Himmel dich Steinadler erspähen.

Ach ja, und was ich eingangs zu erwähnen vergaß,
dass neben dem Weg inmitten im Gras
ein Wanderer liegt. In seinem Haar glänzt es rot
– und der Mann ist tot.

Getroffen vom Stein, der vom Himmel fiel
während diesem albernen Vogelspiel.

Der Steinadler sagte: "Ich treffe im Flug
eines Wanderers Kopf mit diesem Stein",
und der Eichelhäher, im nächsten Zug,
willigte in diese tödliche Wette ein.

Zurück bleibt ein Toter am Wegesrand
und ein Stein, der unerkannt
daneben liegt
und dank der Vogelscheiße keinen Beweis mehr ergibt.

Jetzt, da du weißt, welche Gefahr dir lauert,
verweile nicht im Abendrot.
Auch wenn 's vor dem Wanderer dir schauert,
doch der ist schon tot.

Das Märchen von dem holdenhaften Zwurg

Es lebte mal in Wasserburg
ein richtig mieser fieser Zwurg.
Nun, Zwurg ist falsch, es war ein Zwerg,
doch hieß der Ort nicht Wasserberg.

Was machte diesen Zwerg so mies,
dass man ihn letztlich maustot schieß?
Man schoss ihn tot, weil man schuldig ihn fund,
denn er stahl der Königin ihr Kund.

"Schon wieder falsch!" tönt es laut übers Land.
Der Zwerg war schuldig, weil heraus man fand,
dass gestohlen hat er der Königin Kind.
Diese dumme Pute vertraute ihm blind.

Zu Gold sollt' er machen einen Haufen Stroh.
Man sperrte ihn ein in den Stall zur Koh.
Bei der Kuh stand ein Esel, der wo ausgerissen.
Dieses Tier hat dann Golddukaten geschissen.

So kam der Zwerg im Stroh zu Gold
und tat so, als wäre er ein Hold.
Als Held verlangte er der Königin Kind,
womit wir mit der Erklärung fertig sind.

Alleebaum

Es stand ein Baum am Straßenrand,
mit festem Stamm, gleich einem Pfahl.
Die Krone mächtig, doch er fand,
er wirkt ein wenig schmal.

"Beruhige dich", der Nachbarbaum
zur Linken sprach zu ihm.
"Dem Alter nach nimmst du den Raum,
der sich für dich geziemt."

Der Baum zur Rechten nickte den Ast.
Er stimmte dem andern zu.
"Du hast nun wirklich nichts verpasst.
Nun gib schon endlich Ruh."

Die Bäume der gegenüberliegenden Straßenseite
raschelten mit ihren Zweigen.
Der Baum hatte für sie die richtige Breite.
Das wollten sie ihm hiermit zeigen.

Ein Radfahrer, der die Allee durchquert',
verspürte ein seltsames Schauern,
als ob der Wind nur durch einzelne Wipfel fährt.
Er fuhr weiter, trotz leichtem Bedauern.

Die Sonne schien hell auf die Allee herab.
Die Strahlen flirrten im Laub.
Zwei Reiter querten die Allee im Trab.
Am Asphalt, da wirbelte kein Staub.

Obwohl der Baum ohne Makel steht,
so brauchte er doch Zuspruch noch mehr.
Der Wind die Nachrichten zu ihm weht'.
Das Sonnenlicht flirrte immer mehr.

Ein Motorradfahrer passierte die Allee,
den Sonnenschutz tief im Gesicht.
Fern auf der Wiese, da stand ein Reh.
Doch das sah der Kradfahrer nicht.

Das Rascheln der Äste, der Zweige, der Blätter,
das wirkte wie ein heftiger Wind –
bedrohlich, als ändert sich bald das Wetter.
Das Sonnengeflirre machte blind.

Da näherten sich mit Gebrumm und Getöse
zwei Autos in rasender Schnelle.
Als das eine sich von dem anderen löste,
zog jenes nach auf der Stelle.

Die Bäume standen mit einem Mal stramm.
Vor Autos haben sie Respekt.
Ganz schlank machte sich ein jeder Stamm
und hätte sich gerne versteckt.

Die Autos, mit höchster Geschwindigkeit,
fuhren nebeneinander her.
Der Baum fühlte sich nun viel zu breit
für den heranrasenden Verkehr.

Das Licht der Sonne flirrte noch immer.
Der Bäume Zittern bewegte das Laub.
Die Autofahrer sahen die Straße nimmer
und der Motorenlärm machte taub.

Da plötzlich löste sich einer der Wagen.
Er fuhr dem andern davon.
Den Versuch des andern, ihm nachzujagen,
vereitelte die Sonn'.

Ein Schleudern, ein Quietschen der Bremsen, und dann
war das Auto am Baume zerfetzt.
Stille zunächst, ein Rascheln sodann.
Fragte ein Baum: "Na, glaubst du uns jetzt?"

Da schaute der Baum an sich herab.
Das Blech um ihn geschlungen.
Ein mächt'ger Stamm, der nicht nachgab.
Er musste zufrieden sein – notgedrungen.

Musikgeschmack

Es war mal ein Akkordeon,
das spielte keinen einz'gen Ton.

Es hatte Blasebalg-Probleme.
Beim Ziehen klagt 's verdruckst: "Ich schäme
mich. Glaubt mir, beim Drücken,
was da erklingt, ist kein Entzücken."

Da sprach ein alter Dudelsack:
"Papperlapapp. Musikgeschmack,
darüber lässt sich nicht streiten.
Lass den Musikanten nur über dich gleiten.
Lass ihn drücken all deine Tasten.
Du hast schon was auf dem Kasten."

Also dachte sich das Akkordeon:
"Dann ist hier für mich noch nicht Endstation.
So ein Dudelsack muss es schließlich wissen.
Der klingt ja auch oft genug beschissen."

Kurze Begegnung

Es war, ich weiß nicht wann,
einmal ein weiser alter Mann,
der kam, weiß nicht woher,
mit Tippelschritten schwer.
Er sprach, ich weiß nicht was,
so schnell und ohne Unterlass.
Dann ging er, ich weiß nicht wohin,
auf jeden Fall mir nicht mehr aus dem Sinn.
Das berührt mich, ich frag' nicht warum.
Darum bleibt es ein Mysterium.

Auf die Formulierung kommt 's an

Freistellen ist so ein schönes Wort,
befreit es einen doch von nämlichem Ort,
wo man angestellt war, eine Stellung hatte,
einen Anzug brauchte und eine Krawatte.

Ja, die Krawatte ist jetzt ein nutzloses Ding,
seitdem mein Kollege an ihr hing.
Den Satz, was Neues mal auszuprobieren,
tat er ganz merkwürdig interpretieren.

Die Freistellungsschmach wollte er verdrängen
und nicht nur seinen Job an den Nagel hängen.
Der Typ war doch echt total bescheuert.
Was hätt' er gemacht, hätt' man ihn gefeuert?

Am Tag nach dem Barbesuch

Gestern Abend war ich noch in einer Bar
mit Kaspar, Melchior und Balthasar.
Wir kennen uns schon eine Ewigkeit.
Wir tranken ziemlich viel, danach war'n wir recht breit.

Die drei Freunde sind dann davongezogen,
ich glaube, – und das ist jetzt nicht gelogen –
sie pilgerten direkt ins Morgenland,
denn sie sagten, sie hätten da eine Frau gekannt,
die gerade in prekärer Situation
entbunden hatte ihren ersten Sohn.
Und weil ihr Gatte nicht der Vater wäre,
bräuchte sie zur Verteidigung ihrer Ehre
ein paar Leute, die nach Nazareth pesen
und bestätigen, dass es Gott gewesen.

Ich aber machte mich auf den Weg nach Hause
und stellte mich umgehend unter die Brause.
Zumindest hat mir das eine Frau erzählt,
mit der ich seit Jahrzehnten schon bin vermählt.
Sie sagte, ich wäre ziemlich betrunken
nach dem Duschen komplett nass zu ihr ins Bett gesunken.
"Betrunken?" fragte ich, wobei mir Zweifel entfleuchten.
"Kann nicht sein!"
        Die Behauptung tat mir gar nicht einleuchten.
"Doch, doch!" sagte sie. "Du hast den Duschkopf geküsst
und ihn getröstet
        und gesagt, dass er nicht mehr weinen müsst."

Negativ-Vision

Heute bleibt die Mail-Box leer.
Nicht mal Werbung kommt daher.
Ich bin grad voll unpopulär.

Follower habe ich auch keine,
bin im World Wide Web alleine.
Ungeliked nach allem Anscheine.

Die News-Ticker haben mich aufgeschreckt:
Hat man mir den PC gehackt?
Und ich hab' das so gar nicht gecheckt?

Da fährt des Lehrers Hand auf mich hernieder:
"Na, Jules Verne, träumen wir wieder?"
"Ja, aber das war so blöd, das schreib' ich nicht nieder."

Heimweg bei Nacht

Ich eile in der Dunkelheit
mit schnellem Schritt nach Hause.
Kein andrer Mensch ist weit und breit,
doch ich mach' keine Pause.

Ich höre Schritte hinter mir,
doch wenn ich um mich blicke,
seh' ich nichts – egal, wie sehr ich stier'.
Trotzdem ich mich lieber schicke.

Kaum hab' ich die Laterne am Weg passiert,
schon nähert' sich mir ein Schatten.
Und das habe ich auch nicht halluziniert.
Vor Angst fühl' ich mich ermatten.

Als ich die nächste Laterne erreicht',
war der Schatten aber wieder verschwunden.
Es nervt mich, wie hier jemand um mich schleicht.
Doch ich habe ihn nie gefunden.

Als ich zu Hause endlich ankam,
da war ich in Schweiß gebadet.
Fortan ich mir Pfefferspray mitnahm.
Meine Angst hat bald der Falsche ausgebadet.

Denn der wachsende Schatten im Laternenlicht,
der war natürlich meiner.
In meiner Panik aber begriff ich das nicht,
dass mich verfolgte ja keiner.

Die Schabe

Hinter einer Tiefkühltruhe
hat die Schabe keine Ruhe.

Sie rennt hin und her geschwinde
auf der Suche nach dem Kinde,
das ganz leise wohl nach Speise
sucht alleine dummerweise.

Abends sprach die Küchenschabe:
"Liebes Kind, ich weiß, ich habe
dir versprochen Unterricht.
Das geht noch nicht, es brennt noch Licht.
Will den Happen man sich schnappen,
muss man flieh'n vor Menschenschlappen."

Doch das freche Schaben-Kind
lief hervor in vollem Sprint.
Schaben-Mutter hinterher,
um zu retten dieses Gör.
Ein fieser Mensch erblickte beide,
schlug zu, dann floss das Eingeweide.

Und nun steht der Schaben-Gatte
ganz alleine auf der Matte.

Neulich auf einer Pilgerreise

Für gläubige Menschen ist es heilige Pflicht,
bevor man eines Tages vorm Jüngsten Gericht
sich verantworten muss, was man alles getan,
dafür zu sorgen, dass man dann anführen kann,
man wäre gepilgert zu all den Stätten,
an denen Gott gewirkt hat, die Menschheit zu retten.

Dieser fromme Wunsch ist ihnen Befehl,
daher reisen die Katholen nach Israel,
nach Nazareth und nach Bethlehem.
Sie pilgern zu Fuß, auch wenn 's unbequem.
Und in Jerusalem, welches kommt zum Schluss,
ein jeder in die Grabeskirche muss.

Just dort passierte es Familie Meier,
dass am Abend bei der Andachtsfeier
die Schwiegermutter tot von der Kniebank kippte,
nachdem sie einen Schluck vom Messwein nippte.
Die Trauer der Familie nahm nicht überhand.
Schließlich starb die Frau im Heiligen Land.

Am nächsten Morgen kam der Bestatter,
ein Geschäftsmann zwar, aber kein aalglatter.
Er sagte: "Es gibt nun zwei Optionen,
wovon eine würde den Geldbeutel schonen:
500 Dollar sind fürs Bestatten hier die Gebühren,
10.000, wenn wir den Leichnam
                              in die Heimat überführen."

Herr Meier muss da nicht lang überlegen.
Er entscheidet sofort und sagt also deswegen:
"Natürlich fliegen wir mit der Leiche wieder heim.
Hier sind 10.000 Dollar, packen Sie sie gleich ein."
Da fragt der Leichenbestatter: "Wieso in aller Welt
wollen Sie das tun? Das ist doch sehr viel Geld."

"Natürlich", sagt Herr Meier, "das ist mir bewusst.
Und 10.000 Dollar sind ein großer Verlust
an Geld, doch ich sage, das ist es mir wert.
Im Religionsunterricht hat man mich einst gelehrt,
dass hier einer starb, um wieder aufzuerstehen.
Und dieses Risiko will ich keinesfalls eingehen."

Zeugungstrauma

Ich liege in der Dunkelheit
seit Tagen auf der Lauer.
Ich bin – wie man nur kann – bereit
und habe nur noch Stunden Zeit.
Schon läuft durch mich ein Schauer.

Die Invasion ist grad passiert,
kam noch zur rechten Stunde.
Den Invasoren es pressiert,
nur einer kriegt, wonach er giert.
Ich schau noch in die Runde.

Mal seh'n, ob einer mir gefällt,
mit dem ich möcht' verschmelzen,
mit dem ich in die neue Welt,
besiegt von ihm, dem einz'gen Held,
möcht' bald hinaus mich wälzen.

Doch während der entbrannten Schlacht,
wo es der Opfer viele,
den Umweg einer hat gemacht,
die List zum Einsatz wohl gebracht.
Schon steht er vor dem Ziele.

Den Blick zum Schlachtfeld hingewandt,
spürt' ich von hint' ein Stechen.
Vor Spannung hab' ich nicht erkannt,
dass tückisch ich wurd' überrannt.
Wie konnt' er sich erfrechen?

So habe ich das nicht geplant,
ich wollt' den Held mir wählen,
der sich mir nähern darf galant
und für den wär' mein Herz entbrannt.
Dem wollt' ich mich vermählen.

Zu spät erkannte ich mit Frust,
dass nichts in diesem Leben
entwickelt sich nach meiner Lust.
Ich ahnte es unterbewusst
und will mich nicht ergeben.

Der Ursprungskampf dauert noch an,
auch wenn wir nun geboren.
In uns: ein listiger Tyrann
und die bockige kleine Rührmichnichtan.
Den Kampf haben wir beide verloren.

Neulich in einer dunklen Gasse

Ich spür' im Dunkel einen Schatten.
Das sind Ratten! Das sind Ratten!
Flitzen rasch, flitzen schnell,
ihre Augen blitzen grell.

Ich versuch', davon zu kriechen,
doch sie können mich ja riechen.
Ihre Sinne sind perfekt.
Was nutzt 's, dass ich mich hab' versteckt?

Die Flucht wär' einz'ge Rettung hier,
hinfort und raus aus dem Revier.
Mir wird ganz heiß, ich will ja laufen,
doch ich bin nur ein zäher Haufen,
ein Käse, den man weggeschmissen.
Ja, meine Lage ist beschissen.

Weil ich vor Angst so transpirier',
riecht 's echt nach faulem Käse hier.
Die Ratten aber lieben das.
Sie wittern ihren Lieblingsfraß.

Ein jeder Ratz will mich für sich.
Sie kämpfen und es geht um mich.
Darauf bild' ich mir schon was ein.
Im Kampf zerbricht 'ne Flasche Wein.
So lieg' ich in der Rotweinpfütze
und zittere vor Angst und schwitze.

Von Ferne nähern Schritte sich.
Ich stöhne lautlos "Bitte nich!"
Der Blinde ist 's, der jede Nacht
um diesen Block die Runde macht.

Und weil der gute Mann nicht sieht,
(man ahnt es schon, was dann geschieht)
sind ihm die Ratten piep egal.
Sie hau'n gleich ab diagonal.

Doch ich, der Käse hier im Wein,
muss bleiben. Jetzt bin ich allein
mit diesem Blinden, der nicht sieht
und knapp an mir vorüberzieht.

Er schnüffelt, denn mein Käse-Duft,
der schwingt schon deutlich in der Luft.
Als sich der Mann dann umgedreht,
sein linker Fuß gleich auf mir steht.
Nun klebe ich am linken Schuh
und auf der Straße ab und zu.

Mein Wunsch, von diesem Ort zu flieh'n
wurd' mir erfüllt, so wie es schien.
Den Ratten bin ich ja entkommen.
An den Rest erinn're ich mich nur verschwommen.

Neulich in der Hundeschule

Ich vermute, mein Nachbar ist ein Rassist.
Politisch ist er Republikaner,
rechts außen, fast schon ein Extremist
und er ist obendrein Amerikaner.

Er hat sich einen schwarzen Hund gekauft.
Welchen Namen hat er ihm gegeben?
Er hat ihn Barack Obama getauft.
Das ist doch wirklich voll daneben!

Nun geht er mit ihm in den Hundeverein,
eine echt gute Hundeschule.
Dort ließ man ihn nur ungern hinein,
denn die Chefs, das sind zwei demokratische Schwule.

Mein Nachbar aber übt fleißig mit dem Tier,
als würd' er nach Medaillen streben.
Am häufigsten hört man nun also hier:
"Barack Obama, Pfote geben!"

Auch "Sitz! Leg ab!" und was man sonst noch befiehlt,
müssen wir mit dem Namen stets hören.
Auf Provokation mein Nachbar zielt,
während wir uns darüber empören.

Also schaffte ich mir einen Pinscher an,
eine hässlich orange-gelbe Töle.
Ich nannte sie Donald Trump, ja, nach jenem Mann,
der uns alle nervt mit seinem Gegröle.

Mit Donald hab' ich täglich lautstark trainiert,
damit er brav still neben mir sitzt.
Und auch, dass er Stöckchen apportiert.
Dann rief ich: "Donald! Platz!" – Mei, das hat gespritzt.

Die Geschichte vom Affenmann

Im Dschungel lebte irgendwann
einmal ein kleiner Affenmann.
Den hab'n Gorillas großgezogen,
so dass er wurde – ungelogen –
einer von ihnen, der ungezwungen
ist von Liane zu Liane gesprungen.

Er nahm es im Zweikampf mit jedem Tier auf.
Er beherrschte die Sprachen des Dschungels zuhauf.
Ob er pfiff, ob er kreischte, ob er grunzte oder röhrte,
er beherrschte alles, nur eines ihn störte:
Eine Frau hatte sich in den Dschungel verirrt
und ihn mit ihrem menschlichen Rufen verwirrt.

Zwar verstand er ihre Ängste,
                        die in der Stimme mitschwangen,
doch mit dem Geplapper konnt' er gar nichts anfangen.
Und nach einer Weile wurde es ihm zu viel.
Da gab er einen Schubs ihr und dann war sie still.
Es dauerte, bis sie wieder zu sich kam,
woraufhin er sie in seine Arme nahm.

Das schien sie zu mögen, sie begann zu schnurren.
Sie begann zu kichern und bald auch zu gurren.
Und er erkannte mit höchstem Entzücken,
er durfte nun tun, was der alte Silberrücken
in der Horde der Affen keinem erlaubte:
Eine Wonne war das, der Mann es kaum glaubte.

So fiel es nicht schwer, ihn nach diesem Frohlocken
aus Afrika raus und nach England zu locken.
Und weil man im Dschungel auch Skelette fand
von einem Lord, der mit seiner Frau dort verschwand,
erklärte man den kleinen Affenmann
zum Nachkommen aus dem Adelsclan.

Das gab ein Hallo und Jubilieren.
Man musste den Kerl nur etwas zivilisieren.
Dann kam ein Schriftsteller aus dem Westen,
der gab eine spannende Story zum Besten.
Die war so verwegen, drum musst' man sie glauben:
Die Geschichte von Tarzan, den die Affen einst raubten.

Die Kunst der optischen Täuschung

Im großen weiten tiefen Meer,
da schwimmt ein Heringsschwarm daher.
Er ist perfekt choreographiert,
hat manche Form schon ausprobiert.

Zum Beispiel schwimmt er manches Mal
in Form von einem Bartenwal.
Die Statur von einem Hammerhai
war ab und zu auch schon dabei.

Auch schwammen mal – das war'n nicht viel –
die Sardinen im Verbund wie ein Krokodil.
Da dachte sich jedoch ein Stör,
dass das ein schwerer Irrtum wör',
denn Krokodile – muss man wissen –
sind tief im Meer ja aufgeschmissen.
Die brauchen Land, auf dem sie warten,
bevor sie einen Angriff starten.

Der schlaue Stör und die Krokodil-Sardinen
begegneten sich bei den Philippinen.
Das Wasser war warm, das Wasser war klar,
für die Jagd also eigentlich wunderbar.

Der Stör schwamm direkt zu den Krokodilen,
die die Sardinen bildeten, um zu spielen.
Schnell formten sie sich in einen Orca um.
Ups, da schaute der Stör aber dumm.

Er ergriff die Flucht, doch nach kurzem Stück
drehte er um und blickte zurück.
Da sah er nur wieder diese größere Menge
Krokodile, die sich tummelten im Gedränge.
Er drehte sogleich und voller Zorn
schwamm er zum Angriff, diesmal von vorn.
Die Sardinen bemerkten es gerade noch.
Sie choreographierten nun ein großes Loch.

Der Stör, so im Schwung, raste nun ins Leere.
Dabei kam er einem weißen Hai in die Quere.
Da der aber nicht aus Sardinen bestand,
fraß dieser den Stör gleich kurzerhand.

Die Sardinen nutzten den Augenblick
und verwandelten sich in den Orca zurück.
So kamen sie noch mal mit dem Leben davon.
Ein Hoch auf die Kunst der Imitation.

In dünner Luft

Im Hochgebirge, wenn man beim Wandern
von einem Gipfel steigt auf den andern,
dann kann einem schon mal die Höhenluft
mit ihrem speziellen Hochgebirgsduft
zu Kopfe steigen, so dass man irgendwas hört,
das einen womöglich genauso verstört,
wie das, was man in dünner Luft sieht,
weil man nicht glauben kann, was gerade geschieht.

Ich saß zur Brotzeit am Gipfelkreuz.
Vor dem Essen ich mich in der Regel schnäuz',
denn ist die Nase frei, lässt sich 's besser genießen
und mit freier Nase muss ich seltener niesen.
Ich aß Brot, Salami und etwas Käse
und beobachtete Gämsen bei ihrem Geäse.
Ich trank etwas Wein und schaute in die Ferne.
Den Blick schweifen lassen, das tue ich gerne.

Da sah ich nicht weit auf einem steilen Grat
ein hüpfendes Männchen. Dem war es wohl fad.
Es sprang am Abgrund ziemlich nah
und sang immer: "Zweiundzwanzig, trallala!"
Eine ganze Stunde saß ich dort
und betrachtete dieses Hopsen in einem fort.
Dann dachte ich: "Ich muss da hinübergehen
und mir das Männchen von der Nähe ansehen."

Also stieg ich hinab und wieder hinauf.
Diese extra Mühe nahm ich in Kauf.
Als ich ankam, ist das Männchen
                               noch immer gesprungen
und hat "Zweiundzwanzig, trallala!" gesungen.
Also fragte ich: "He, du Männchen, was machst du da?"
Und es antwortete: "Ich sing' Zweiundzwanzig, trallala!"
"Ja, das hör' ich. Aber warum machst du das?"
"Nun, das macht mir hier einfach immensen Spaß."

Ich sagte: "Singen ist gut, aber hüpfen, ganz ehrlich,
das ist hier am Rand des Abgrunds gefährlich."
"Iwo!" sprach das Männchen. "Ich kann hier gut stehen.
Komm her, dann kannst du das selber sehen."
Ich ging an den Rand und blickte hinunter.
"Siehst du?" fragte das Männchen nun ganz munter.
Ich nickte. Es schubste mich, eh ich mich versah,
und im Fallen hörte ich: "Dreiundzwanzig, trallala!"

Eine Form von Liebe

Ich liebe dich! Ich liebe dich!
Und einem anderen gönn' ich dich nicht.
Wenn ich dich nicht krieg', da sei dir gewiss,
da dulde ich gar keinen Kompromiss.

Nur ich weiß, was wirklich gut für dich ist.
Vergiss also besser diesen Egoist,
der versucht, dir schöne Augen zu machen.
Dieser Hampelmann ist doch wirklich zum Lachen.
Der ist doch keine Konkurrenz für mich.
Wie der dich anhimmelt ... lächerlich!
Den knöpf' ich mir vor, er soll sich verpissen.

Sag mal, hast du denn gar kein schlechtes Gewissen?
Wieso sprichst du mit ihm? Wieso trefft ihr euch beide?
Du weißt doch, wie ich unter Untreue leide.

Muss ich dich erst strafen, dass du mir das glaubst?
Ich find' es empörend, was du dir erlaubst!
Wie oft soll ich 's noch sagen? Du musst dich zügeln.
Ich werde dir deine Flausen ausprügeln.
Und nun schau mich nicht so verängstigt an.

Du weißt doch, ich liebe dich! Aber ich kann
dir doch nicht alles durchgehen lassen
und ich werde dir gleich noch eine verpassen,
wenn du mir nicht versprichst ... He, wer ist an der Tür?

Wieso Polizei? Wieso aufs Revier?
Ich hab' diese Schlampe doch nicht geschlagen.
Sie hatte 'nen Unfall. Sie können sie fragen.
Ich lieb' sie abgöttisch. Das wird sie beschwören.

Was heißt das "im Koma, da kann man nicht stören"?
Daran ist doch nur diese Drecksau schuld.
Der hat sie bequatscht und eingelullt.
Den müssen Sie holen. Der hat sie auf dem Gewissen.
Die Schlampe hat mich doch mit dem nur beschissen.

Die kann was erleben, wenn ich wieder entlassen.
Gestorben? Was heißt das? Ich kann es nicht fassen,
dass ich nicht mal zur Beerdigung kann.
Ich bin doch ihr trauernder Ehemann.

Ausdauer

Ihr Sterne hoch am Firmament,
ihr blickt auf mich schon immer.
Ob ihr auch meinen Namen kennt?
Wisst ihr, welch Sehnsucht in mir brennt?
Habt ihr wirklich keinen Schimmer?

Wie gern würd' ich zu euch hinauf
im Leben einmal fliegen.
Wisst ihr, wo ich ein Ticket kauf',
mit dem ich folg' dem Sternenlauf?
Was seid ihr so verschwiegen?

Ich schmachte euch schon immer an
und will von euch ein Zeichen.
Blinkt mal für mich, geht aus und an
und schickt mir bitte irgendwann
eine Botschaft. Bitte lasst euch erweichen.

Mein ganzes Leben starre ich
in den Himmel, alle Jahre wieder,
verfolgte die Sternbahnen anfänglich,
dann die Sternschnuppen gierig und flehentlich
und dann – Rums! – streckte mich eine nieder.

Ein Haus

Im Lichtspielhaus
– oh, welch ein Graus –
gingen jäh die Lichter aus.

Ein Spielhaus war es also jetzt.
Manch Zuschauer verließ entsetzt
die Dunkelheit.

Denn wer nicht bereit
zum Spielen ist,
der vermisst
das Licht schon sehr,
und Spielen fällt manchem im Dunkeln schwer.

Doch ohne die Leute zum Spielen,
ist vom Spielhaus nicht viel geblieben.
Jetzt ist es nur noch ein Haus.
Das Lichtspiel fällt also aus.

Von wegen Ölpest

Im schönen Golf von Mexiko,
da sprudelte das Öl so roh.
Ein Bohrloch war dort explodiert,
ganz tief, drum hat man 's nicht gespürt.

Jedoch, das viele Öl im Meer,
das trieb nach oben, gar nicht schwer.
Das hat bestialisch weit gestunken,
auch als es tiefer abgesunken.

Nur weil den Teppich man nicht sah,
war er nicht weg, er war noch da,
trieb unterhalb der Oberfläche.
Die Fischer zahlten schnell die Zeche.

Im toten Wasser schwamm kein Fisch
und selbst, was man gefangen frisch,
stank gotterbärmlich, faulig, tot,
weshalb den Fischfang man verbot.

Was nicht gefischt, das kann nicht stinken.
Das Rohöl lässt man auch absinken,
versprüht Chemie, gar manche Tonne.
Am Golf scheint sowieso die Sonne.

Und stümpert man auch ein paar Wochen,
weil das Leck immer wieder aufgebrochen,
so hat man doch letztlich wieder gezeigt,
dass auch wenn man 's anfänglich beinah vergeigt,
die Welt beim Golf von Mexiko
ist wieder schön und die Leut' sind froh.

Man hat zwar das Meer gewaltig verdreckt,
doch den Ölteppich hat man recht gut versteckt.
Mit etwas Glück wird er ganz verschwinden
und sich mit atlantischen Strömen verbinden.

Dann fließt er mit dem Golfstrom zur britischen Insel
Und, auch wenn er bis dahin nur ein dünnes Gerinnsel,
so fließt er doch stetig und die Firma BP
zapft ihr Rohöl direkt aus der nördlichen See.
So hat man ohne Rohre eine Pipeline gelegt.
Wer hat sich diese schlaue Idee überlegt?

Der Opernstatist

In der Oper der Statist
täglich seine Brotzeit isst.
Aber er kann sie nur essen,
wenn er sie nicht hat vergessen.

Heute ist es ihm passiert,
weil 's ihm in der Früh pressiert
hat, dass statt Brote sich zu schmieren,
die er jetzt könnt' schnabulieren,
er das Haus hat pflichtversessen
verlassen ohne Mittagessen.

In der Oper ein Statist
folglich furchtbar hungrig ist.
Und sein Magen knurrt erst leise,
lauter dann, sehnt sich nach Speise.

Auf der Bühne der Tenor
wartet, dass der Knabenchor
fertig singt die letzte Strophe.
Leise wird 's, die Katastrophe
ist schier nicht mehr aufzuhalten,
Naturgewalten sich entfalten.

Mitten in der größten Stille
– der Tenor sucht noch den Ton,
Larynx, Pharynx, die Tonsille,
leis' vibriert das Stimmband schon –
knurrt der Magen des Statisten,
grummelnd wie ein Abflussrohr,
und dann kichern die Cellisten
und dann lacht auch der Tenor.

Erfreulicherweise war das Stück
– das war des Statisten Glück –
von Lortzing und hieß "Zar und Zimmermann"
und war eine komische Oper,
                    drum kam das Lachen gut an.

Nix gelernt

In Würde altern war schon immer
schlimmer für die Frauenzimmer.
Es altert, wie ein jeder weiß,
der Körper schneller als der Geist.

Die Frau will, dass man sie begehrt,
weshalb sie sich verzweifelt wehrt,
versucht, die Strahlkraft zu bewahren,
zu wirken weiter jung an Jahren.

Mit Salben, Cremes, Korrekturen
versteckt, verdeckt Frau alle Spuren,
bekämpft die Falten, Cellulite,
die schlaffe Brust, die dicke Mitte.

Während äußerlich der Glanz schon bröckelt,
wird weiter tapfer hoch gestöckelt.
Der Rock zu kurz, das Haar zu lang,
zieht mit der Tochter auf Männerfang.

"Wie, Mutter – Tochter seid ihr zwei?
Als Schwestern geht ihr einwandfrei."
Das stärkt die Alte im Bemühen,
beim endlos langen Wunschverglühen.

Anstatt ihr Alter anzunehmen,
sich stell'n den Wechseljahrproblemen,
versucht die Frau, sich zu entziehen,
dem Unvermeidlichen entfliehen.

Die Midlife-Crisis, wohl bekannt,
auch viele Frauen übermannt.
Im Nichterkennen dieser Lage
liegt die eigentliche Niederlage.

Ein unübersichtliches Haus

Mein Gehirn ist ein Haus mit vielen Zimmern.
Aus manchen hört man unterdrücktes Wimmern.
In anderen werden Feste gefeiert.
In einem ist die Einrichtung überteuert.

Ein Zimmer ist möbliert in Art déco
und irgendwo gibt es auch ein Klo.
In diesem wird manchmal hinuntergespült,
was andernorts wurde hervorgewühlt.

Ein Zimmer hat ein Bett wie eine Liegewiese.
Schweren Herzens nur verlasse ich diese.
Doch ich bin auf der Suche nach dem einen Raum,
diesem Zimmer, das mir erscheint oft im Traum.

Darin liegt ein Säugling, der die Ärmchen hebt
und vertrauensvoll lächelt, denn er lebt.
Diesen Raum muss ich finden, das ist mein Bestreben.
Ich will diesem Kind meine Liebe geben.

Und gemeinsam – wenn ich es habe gefunden –
will ich mit ihm dann alles erkunden.
So viele Türen stehen schon offen.
Auf den Säugling bin ich noch nicht getroffen.

Mich wundert, dass zahlreiche Zimmer noch leer.
Bei manchen fällt das Öffnen der Türe schwer.
Da scheint mir, man versucht, sie zuzuhalten.
Manch Raum ist im Rohbau. Soll ich ihn gestalten?

Es gibt Keller und Speicher. Die sind voll mit Krempel.
Ein paar Türen tragen richtig große Stempel.
"Betreten verboten!" kann ich dort lesen.
Ich frag' mich, was ist da wohl drinnen gewesen.

Doch ich darf mein Ziel nicht aus den Augen verlieren
und muss ununterbrochen weiter probieren,
den Säugling zu finden, denn die Angst nagt in mir,
dass ich ohne ihn etwas Unersetzliches verlier'.

Wo bin ich? Wo bist du? Wir gehören zusammen.
Wir sind Eins, weil wir aus derselben Zelle stammen.
Nur haben wir uns irgendwann verloren.
Ich glaube, das war kurz nachdem wir geboren.

Wir müssen uns finden und wieder vereinen.
Dein Vertrauen und Lachen
                           wird mir helfen beim Weinen.
Und dann – zumindest hab' ich das so geträumt –
werden sämtliche Räume endlich aufgeräumt.

Statussymbole

Ja, ich hätte so gern
einen Mercedes-Stern
auf meinem Fahrrad. Das wäre zwar frech,
aber ich möchte so ein Ding auf dem Schutzblech.

Oder von Rolls Royce den Engel.
Wenn ich den aufs Blech mir dengel,
das macht doch sicher auch was her.
Nur, ich fürchte, das Teil ist viel zu schwer.

Außerdem fahr' ich nur ein Hollandrad.
Da wäre es wohl eher adäquat,
ich hätte an meiner Chaise
vorn ein Stück Edamer Käse.

Reisepanik

Jedes Mal, wenn ich verreise
auf eine oder andre Weise,
bin von Panik ich zerfressen:
Was hab' diesmal ich vergessen?

Hab' daheim ich abgeschlossen?
Sind die Blumen auch gegossen?
Habe ich voll Unbedacht
die Fenster doch nicht zugemacht?
Ist der Müll echt in der Tonne
oder stinkt er in der Sonne?

Hab' den Herd ich angelassen?
Werd' den Zug ich jetzt verpassen,
wenn ich umkehr' um zu checken,
was sich sonst noch lässt entdecken?
Läuft die Waschmaschine weiter?
Rinnt das Wasser? Das wird heiter!

Liegt der Mann noch in den Kissen?
Und mit wem? Ich will 's nicht wissen.
He, ich hab' gar keinen Mann.
Aber wer ist das im Schlafzimmer dann?
Falsches Stockwerk, tut mir leid.
Nun hab' ich wirklich keine Zeit.

Lauf' zum Zug – grad noch erwischt.
Die Fahrkarten? –
                   Mist! Die liegen daheim auf dem Tisch.

Der Brief

Letzte Nacht, während ich schlief,
träumte ich von einem Brief.
Ja, ein Brief! Kein Mail, kein Twitter,
kein What's App, keine SMS.
Ein parfümierter Brief mit Flitter.
Ich wachte auf: Was war jetzt des?

Hab' ich überhaupt Papier
und Schreibgerät bei mir?
Im Traum schrieb ich sogar mit Feder
und Tinte aus dem Tintenfass.
Der Tintentrockner war aus Zeder.
Tintentrockner? Was ist denn das?

Ich hatte verschiedene Tintentiegel,
verschloss den Brief auch mit einem Siegel.
Sogar Briefmarken hatte ich im Haus.
Als mein Mann mich im Traum mit dem Brief gesehen,
rastete er natürlich völlig aus
und dann war es um mich geschehen.

Nur zur Erklärung, damit ihr das versteht:
Mein Mann ist nämlich Analphabet.
Wir schickten uns Voice Mails hin und her,
wir telefonierten darüber hinaus.
Wir kamen also ohne Schriftverkehr
bisher sehr gut miteinander aus.

Wie gut, dass das nur ein Traum gewesen.
Ich kann nämlich auch nicht schreiben und lesen.

Verloren

Lieber Vater, sag es mir,
bin ich echt kein Kind von dir?

Zogst mich zwanzig Jahre groß,
doch frag' ich mich, was hast du bloß?
Hast heimlich diesen Test gemacht,
weil du Mama in Verdacht
hattest, dass sie dich belogen,
damals einfach dich betrogen.

All die Jahre hieß es nur,
von dir hätt' ich die Figur,
deine Nase, deine Augen –
ja, das tatst du wahrhaft glauben.
Warst ein stolzer Vater mir.
Heute zeigst du mir die Tür.

Was kann ich denn nur dafür?

Zählen zwanzig Jahre nicht
mehr als was der Gentest spricht?

Neulich am Bahnsteig

Manch ein Deo-Produkt verheißt auch die Liebe.
Animalischer Duft weckt lüsterne Triebe.

Neulich stand ich mal an der S-Bahn-Station
mit geschlossenen Augen, denn ich wusste ja schon,
dass ich fünf Minuten zu warten hätte,
bis die Bahn endlich eintrifft an dieser Stätte.

Da kroch mir ein Duft in die Nase hinein.
"Mhm, sexy!" fiel mir als Erstes ein.
Ein Prickeln machte sich überall breit
und ich war fast spontan zur Paarung bereit.

Ich dachte an Leidenschaft, Sex, und zwar wild.
Da verlangten die Augen nach einem Bild.

Den Blick geschweift entlang der Bahnsteigkante,
Gleis-ab, Gleis-auf kein Mann. – Ich erkannte
aber zwei Bürschchen, die etwas pubertär
schwenkten eine Dose Deo-Spray hin und her.

Der komplette Bahnsteig war schon einparfümiert.
Ob außer mir wohl noch wer das Verlangen spürt,
über den Nächstbesten herzufallen
und sich liebestrunken in den Nachbarn zu krallen?

Doch außer diesen beiden Pubertieren
ließ sich nichts Männliches identifizieren.
Ganz ehrlich, selbst dermaßen stimuliert,
war ich an den beiden Jüngelchen nicht interessiert.

Ich schnäuzte mich kräftig, dann war die Nase frei
und mit der triebhaften Lust war 's auch vorbei.
Dann kam die S-Bahn, hat mich weg von hier gebracht.
Aber die Fahrt über hab' ich jeden angelacht.

Wie ich zur Verleihnixe wurde

Neulich hab' ich wieder mal einen Nachruf getroffen.
Unsre erste Begegnung ließ damals noch gänzlich offen,
wie sich die Beziehung entwickeln würde.
Ich war positiv, optimistisch und völlig entspannt.
Doch bald schon wurd' der Typ mir zur lästigen Bürde.
Aus dem Flyer, dem Prospekt, dem Groschenroman,
den man einmal recht schnell sich nur durchlesen kann,
wurd' ein Mängelexemplar, so hab' ich erkannt.

Ich pflege Menschen literarisch zu klassifizieren.
Bei Männern fällt das besonders leicht,
da die meisten sich ja recht ähnlich aufführen
und es bei ihnen grad nur zur Sportzeitschrift reicht.

Mancher ergab auch mal eine Kurzgeschichte.
Zur Novelle, zum Roman hat 's kaum einer gebracht.
Bei Frauen herrscht in der Regel eine andere Dichte.
Manche ist zwar ein Roman, doch nur seicht bis Band acht.

Vor Jahren aber traf ich mal eine Erstausgabe.
Der Typ war wie in kräftiges Leder gebunden.
Er hatte im Alltag diese seltene Gabe
zu Initialen wie man sie nur einmal gefunden.

Eine Wonne war es mir, in ihm täglich zu lesen,
zu blättern, zu schmökern, ihn still zu betrachten.
Wir waren ein zweibändiges Werk dann gewesen.
Ich tat seitdem nie wieder ein Buch so anschmachten.

Dummerweise hab' ich mich wie ein
                                    Boulevardblatt benommen.
Diese Blödheit hab' ich mir bis heut nicht verziehen,
denn er ist leider nicht mehr zurückgekommen,
nachdem ich dieses Kunstwerk mal hatte verliehen.

Ach, und der Nachruf, den ich eingangs erwähnt',
das war ein Ex, echt öde, ich hab' nur gegähnt.

Programmierfehler

Neulich im Büro war Stress angesagt.
Ein wichtiges Meeting hat das andre gejagt.
Die Hektik stand jedem ins Gesicht geschrieben
und alle sind auch viel länger geblieben.

Der Grund für die Panik steckt im System.
Die Erklärung – das ist wirklich unangenehm –
ist ganz simpel in folgendem Satz definiert:
"Diese Antwort ist nicht programmiert!"

Schon vor Monaten gab es Arbeit für zwei.
Die Aufträge stiegen, es gab Arbeit für drei,
es gab Arbeit für vier nach kurzer Weile,
doch mit neuen Stellen gab es keine Eile.

Spontan und flexibel sprang jeder ein.
Man ließ die Kollegen doch nicht allein.
Doch als man sich für neue Jobs interessiert',
hieß es: "Diese Frage ist nicht programmiert!"

Dann hat ein Kollege die Firma verlassen,
hat die Arbeit den anderen überlassen.
Einen ruhigeren Job hat er nun gefunden.
Die alten Kollegen hab'n sich noch mehr geschunden.

Ein potentieller Kandidat
als Nachfolger war bald parat.
Doch statt Vertragsunterschrift hieß es nur irritiert:
"Diese Personalmaßnahme ist nicht programmiert!"

Dann mischten sich zu allem Überfluss
die Chefs in die Arbeit, dass es ein Genuss.
Jede Tätigkeit brauchte nun doppelt viel Zeit,
doch Aushilfskräfte standen keine bereit.

Man fragte nach Hilfe, klein und bescheiden,
um weiteres Chaos zu vermeiden.
Die Genehmigung aber war höchst seltsam formuliert.
Es hieß: "Ihre Anfrage ist nicht programmiert!"

Dann gingen die ersten Arbeiten schief,
so sehr, dass bald schon gar nichts mehr lief.
Die Aktenberge wuchsen immer höher und breiter,
und so ging es noch einige Wochen lang weiter.

Dazwischen gab 's mal für wenige Stunden
einen Aushilfsstudenten, den man günstig gefunden.
Die Verlängerung des Einsatzes wurde negiert.
Lapidar hieß es: "Das ist nicht programmiert!"

Doch als der Chef eines Tages in die Firma sich wagte,
beim Kontrollrundgang über Brustschmerzen klagte,
da merkte es niemand, als zu Boden er krachte.
Oder kann es sein, dass doch wer heimlich lachte?

Der Notarzt konnte für den Chef nichts mehr tun.
So soll er denn in Frieden ruh'n.
Am Boden der Leichnam mit leerem Blick stiert',
fragend: "Das war aber nicht programmiert?"

Nach dem Tod des Chefs wurd' es hektisch im Laden,
denn alle Wichtigtuer wollten seinen Posten haben.
Mit fiesen Methoden kämpfte ein jeder.
Man wollte sich gegenseitig ans Leder.

Die Belegschaft indessen bereitet' sich vor.
Alle Vorgesetzten setzte man vors Tor.
Als der Letzte beim Gehen sich noch etwas ziert',
rief man laut: "Ihr seid hier nicht mehr programmiert!"

Kritik am Meister

Neulich war ich auf die Schnelle
mal in Rom im Vatikan.
Auch die Sixtinische Kapelle
habe ich mir angetan.

Da drin kann leider man nur stehen,
um vom Michelangelo
das Schöpfungsgemälde anzusehen.
Als er 's fertig hatte, war er sicher froh.

Für die riesige Fläche so hoch droben
hat gewiss er lang gebraucht.
Für diesen Fleiß kann man ihn echt loben
und sicher hat es ihn auch mächtig geschlaucht.

An einer Stelle aber pfuschte der Lümmel.
Die nervt mich echt. Das sollte nicht sein.
Ich finde, die Proportion von Adams Pimmel
ist nicht korrekt. Der ist viel zu klein.

Neulich auf der Toilette

Mein Ego ist so übermächtig,
so riesenhaft und auch so prächtig,
das reicht für ICH und MICH und WIR,
das steht sich selbst auch gern Spalier,

das platzt beinah aus allen Nähten
aufgrund der ach so aufgeblähten
hohen selbstbezog'nen Meinung,
dass ICH/WIR sind die Glückserscheinung.

Kein Zweifel nagt da unbewusst,
egal, wie flach die Hühnerbrust.
Es gibt nur diese Sicherheit:
Jung sind WIR, schön und blitzgescheit.

Man kann UNS nicht das Wasser reichen,
WIR sind die stärkste aller Eichen.
WIR sind nicht Fels, WIR sind Massiv,
WIR schürfen tiefer noch als tief.

Und UNSRE Höhenflüge fliegen
von Sieg zu Sieg und noch mehr Siegen.
Nichts gibt 's, das UNS jemals misslänge.
Bei UNS zählt Höhe, Breite, Länge.

Bei UNS zählt Masse über Masse.
WIR sind der Gipfel jeder Klasse.
Seht, welchen Schiss WIR ließen hier.
Fuck! Es fehlt das Klopapier.

Ein Auge zugedrückt

Nofretete, Nofretete
hatt' schon wieder keine Knete.
Also fragte sie den Gatten,
wo sie denn das Sparbuch hatten.

Der Echnaton, der Echnaton,
der hatte echt genug davon.
Seine Frau in Saus und Braus. –
Da stach er ihr ein Auge aus.

Ja, damals ging es echt heiß her,
denn Geldverdienen war schon schwer.
Doch Nofretete ließ sich 's zahlen ...
und ihre Büste übermalen.

Einäugig im Museum steht
ihre Büste. Man diskret
verschweigt die Tat des Echnaton.
So kommt er noch mal davon.

Der müde Baum

Quer über der Straße liegt ein Baum.
Wie 's scheint, ist er umgefallen.
Im Liegen nimmt er ja viel mehr Raum
und er behindert den Verkehr vor allem.

Natürlich kommt schnell die Feuerwehr.
Ein Nachbar hatte sie gerufen.
Die machen sich gleich über das Astwerk her.
Sie sägen in mehreren Stufen.

Und so wird der Baum zu Kleinholz gemacht
und auf einen Transporter geladen.
Nach wenigen Stunden ist er weggebracht.
Man sieht kaum noch einen Schaden.

Aber hat sich mal irgendwer überlegt,
was der Baum dabei empfunden?
Der hatte sich vielleicht kurz mal hingelegt
für ein Nickerchen für ein paar Stunden.

Sein ganzes Leben stand er hier rum.
Er konnte ja nicht einmal sitzen.
Da wurde der Stamm ihm ganz schief und krumm.
Die Rinde bekam Ermüdungsritzen.

Doch bevor er aus seinem Schlummer erwacht
und sich ausgeruht konnte erheben,
hat die Feuerwehr ihm den Garaus gemacht.
Was für ein trauriges Ende vom Leben.

Grammatik von diesem Gewichts-Dings

"Papi, sieh nur, da steht eine Woge!"
Der Vater aber, er ist Pädagoge,
spricht: "Mein Sohn, pass auf, was ich dir jetzt sage:
Das ist keine Woge, das ist eine Waage."

Schon beginnt der Kleine, erneut zu fragen:
"Vati, darf ich mich bitte mal waagen?"
Dem Vater ist echt die Galle hochgestiegen:
"Junge, das heißt nicht waagen, sondern wiegen!"

Kurz drauf der Knabe um die Ecke biegt.
Er ruft: "Papa, jetzt hab' ich mich gewiegt!"
Da hat der Vater das Gesicht verzogen:
"Das heißt nicht gewiegt, das heißt gewogen!"

Nun versteht der Sohn überhaupt nichts mehr,
außer dass die deutsche Sprache schwer.
"Aber Paps, dann ist es ja doch eine Woge ..."
Keine Ahnung vom Ende von diesem Dialoge.

Kurzmärchen

Rapunzel, Rapunzel,
leuchtet mit 'ner Funzel.
Grelles Licht
mag sie nicht,
sonst sieht man ihre Runzel.

Schneewittchen, Schneewittchen,
die war wohl ein Flittchen.
Mit Zwergen ihrer sieben
hat sie es wild getrieben.
Für Hurerei kam man früher ins Kittchen.

Dornröschen, Dornröschen,
die hatte Schmutz im Höschen.
Das Kind war noch nicht stubenrein,
also sperrte man es am Plumpsklo ein.
Dort weinte das Mimöschen.

Die Meerjungfrau, die Meerjungfrau,
trank Wasser nur, drum wurd' sie nicht blau.
Kaum war sie an Land,
das ist ja bekannt,
veränderte sich ihr Körperbau.

Pinocchio, Pinocchio,
der ging mal in 'ne Casting-Show.
Er tanzte frei, weil er die Schnüre vergaß.
Als er davon erzählte, wuchs ihm die Nas'.
Seitdem lacht man über ihn schadenfroh.

Märchen und Legenden
haben oft schöne Enden.
Die Wahrheit aber man gern verschweigt,
wie diese kleine Auswahl zeigt.
Damit lassen wir es nun bewenden.

Männerlogik

Ritter Sigismund, der Kleine,
fühlte nachts sich oft alleine.
Also suchte er sich schlau
eines Tages eine Frau.

Jungfer Hildegard, die Lange,
begeistert von dem Minnesange,
nahm zum Manne ihn sogleich.
Da führte er sie heim ins Reich.

Als das Brautpaar dann nach Tagen
vorfuhr an der Burg im Wagen,
gab 's ein Jubeln und sich Freuen.
Doch das sollt' man schnell bereuen.

Hildegard, noch immer lang,
sah die Burg und fragte bang:
"Sigismund, die Burg ist klein.
Passe ich da wirklich rein?"

Doch der kleine Sigismund
tat der langen Hilde kund:
"Ach Hildegard, es fällt mir schwer,
zu fragen: Liebst du mich auch sehr?"

"Oh, zweifle nicht, mein Sigismund.
Ich liebe dich zu jeder Stund'."
"Und würdest mich auch nicht verlassen?"
"Nein, ich würd' niemals von dir lassen."

"Und müsstest du ein Opfer bringen?"
"Nein, keiner könnt' mich von dir zwingen."
"Oh Hildegard, du meine",
rief Sigismund, der Kleine.
"Wir kürzen deine Beine!
Dann passt du in die Burg hinein."

Da rief die Hilde lauthals: "Nein!
Bei aller Liebe, Sigismund,
du bist im Kopf wohl nicht gesund?
Wie kannst du nur so grausam sein?
In diese Burg will ich nicht rein."

So blieb Sigismund, der Kleine,
nächtens weiterhin alleine.

Die großen Rätsel der Menschheit

Sagt, wo ist das Bernsteinzimmer abgeblieben?
Ist es bei uns oder ist es noch drüben
bei den Russen, die nicht sagen, dass sie es haben.
In solchen Dingen sind sie schlaue Knaben.

Sagt, wo ist einst Atlantis versunken?
Überlebte keiner, sind alle ertrunken?
Hat 's ein Taucher gefunden, der eisern schweigt
und uns entdeckungshistorisch die Arschkarte zeigt?

Sagt, wo hat man einst den Cheops begraben?
Und sind sie noch da, seine Grabbeigaben?
Die Ägypter bewachen seine Pyramide,
damit sie weiterhin steht, fest und solide.

Sagt, welche Kräfte wirken in Bermuda?
Gibt es jemand zu fragen: "Was tust du da?
Wieso musst du so viele Schiffe versenken?"
Vielleicht sind 's nur Piraten, muss ich oft denken.

Sagt, wie viele gibt 's von den Terrakotta-Soldaten?
Wie hat man sie gebacken? Sie sind nicht gebraten.
Und für wen kämpfen sie, wenn die Zeit ist gekommen?
Oder waren es Menschen,
                denen man das Leben genommen?

Sagt, wer hat einst um Stonehenge getanzt?
War die Fläche in der Mitte irgendwann mal bepflanzt?
Wenn ja, wuchsen dort Drogen,
                die die Druiden beschwipst?
Haben sie zu viele genommen
                und sich dann ausgeknipst?

Sagt, das ist ein Rätsel aus neueren Tagen,
das größte Geheimnis, daher muss ich danach fragen,
sagt, wohin nur immer die Socken verschwinden,
die man nach dem Waschen kann nicht mehr finden?

Marketingprobleme

So ein Haubentaucher
ist als Endverbraucher
kein geeignetes Objekt,
weil so 'nem Haubentaucher
– selbst als starkem Raucher –
ganz gewiss nicht alles schmeckt.
Diese Vogelart
– mit Häubchen echt apart –
achtet schon sehr exakt
auf den Geschmack.
Drum ist es wirklich schwer
zu fördern den Verzehr;
bei Haubentauchern ist 's vertrackt.

Jedoch bei Nasenbären,
die sich selten wehren,
sieht die Sache anders aus.
Wenn man zum Abendbrot
serviert das Angebot,
kommt so ein Nasenbär schon nicht mehr aus.
Dieser große Schlemmer
ist ein wahrer Kenner,
der das Warensortiment
gut kennt.
Man kann ihn leicht erreichen,
muss ihn nicht erweichen;
der Nasenbär zum Einkauf rennt.

Nun haben die Strategen,
für die Verkauf ist Segen,
ein schier unlösbares Problem.
Es soll die Nasenbärenware,
bewährt für viele Jahre,
direkt an Haubentaucher geh'n.
Auch wenn das Marketingkonzept
wird etwas aufgepeppt,
so geht die Strategie nicht auf.
Denn den Haubentaucher,
diesen starken Raucher,
bringt man nicht so leicht zum Kauf.

In den Chefetagen
stellt man viele Fragen,
doch die richtige, die stellt man nicht.
Und zwar nach dem Produkt
und wen es wirklich juckt,
wenn man auf Haubentaucher
hier als Endverbraucher
einfach nur verzicht'.
So werden Köpfe rollen,
Leut' sich selber trollen;
es geht rund im Firmenstamm.
Doch die Nasenbären
und die Haubentaucher
bringt man marketingstrategisch doch nicht z'sam.

Sommerspaß

Schau doch nur, da steht ein Reh
inmitten einem Blütensee.
Richtig heißt es Blütenmeer,
doch dann reimt sich Reh nicht mehr.

Während ich ums Wort gesonnen,
ist das Reh hinfort geschwommen.
Das nehme ich jetzt ganz frech an,
dass ein Reh auch schwimmen kann.

Denn sonst wäre es ertrunken
und auf den Grund des Sees gesunken.
Schon ist 's wieder hochgekommen
und an des Ufers Rand geschwommen.

's ist gar nicht nass, doch – mit Verlaub –
es ist ganz voller Blütenstaub.
Blütensee – am Ufer: Reh –
verstehst du? – gelb vom Kopf zum Zeh.

Das Unglück

Sorgenvoll die Männer blicken
auf die Menschen, die da stehen,
die sich vor den Türen drücken,
die da blicken voller Flehen.

Wie soll man es ihnen sagen,
dass ihr Warten ist vergebens?
Wie beantworten ihr Fragen
nach dem weit'ren Sinn des Lebens?

Soll man denn die Wahrheit nennen?
Oder soll man besser schweigen?
Soll man reuevoll bekennen?
Oder soll man Kälte zeigen?

Sorgenvoll die Männer blicken
auf die Menschen, die da stehen,
und sie dreh'n sich um und schicken
sich nun an, zu gehen ...

Schneewittchen

"Spieglein, Spieglein an der Wand ..."
Der Satz ist fast schon unbekannt.
Ein Spiegel hat kaum einen Wert,
denn heute heißt es "Allibert".
Doch wenn den Allibert man fragt,
was glaubt ihr, was der Kasten sagt?

"Du, Königin,
mit dem Pickel am Kinn,
zugespachtelt mit sieben Bergen
Makulatur, kannst auch nicht verbergen,
dass deine Gurkenmaske versagt.
Selber schuld! Hättest halt nicht gefragt."

Ja, heutzutage muss man schon was tun.
Wer schön sein will, der darf nicht ruh'n.
Man stellt sich nicht einfach so vor den Spiegel
und langt ein wenig in diverse Tiegel.
Die wahre Schönheit kommt von innen.
Darauf könnt' manche sich besinnen.

Fragt man den Allibert aufs Neu,
trennt sich vom Weizen schnell die Spreu.
"Du, Königin", wird er dann sagen,
"brauchst trotz des Pickels nicht zu klagen.
Dein inneres Leuchten strahlt hell und klar.
Da wirkt so ein Pickel richtig unscheinbar.

Natürlich gibt es hinter sieben Bergen
Schneewittchen, das da lebt bei sieben Zwergen.
Doch auch sie hat Pickel, weil sie pubertiert
und sich vor den sieben Zwergen geniert.
Nicht nötig, ihr einen giftigen Apfel zu reichen.
Jeder Macho-Prinz würde sich bei ihr schleichen."

Ja, so ein Allibert, der sieht einfach alles
und er analysiert auch im Fall eines Falles.
Doch der Prinz, der Schneewittchen erst verschmäht,
noch lange nicht gleich zur Königin geht.
Ihr einziger Pickel lässt ihn zwar kalt.
Aber für einen Macho ist sie einfach zu alt.

Voll Reue kehrt der Prinz zu Schneewittchen zurück,
doch sinkt sie nicht nieder vor Liebesglück.
Vielmehr hat sie inzwischen auch einen Allibert
und gelernt, dass ihre Pickel von großem Wert,
um zu erkennen des Prinzen hohle Gelüste.
Deshalb schickt sie ihn auch gleich in die Wüste.

Schneewittchen und die Königin
tun sich zusammen zum Neubeginn.
Die Zwerge teilen sie sich gerecht,
je nachdem, welche gerade welchen möcht'.
Ein Spiegel hätte das nicht geschafft.
Der hätte nur einfach zurückgegafft.

Spinnen

Spinnen sind bekanntlich schlau.
Sie hausen nicht in einem Bau.
Sie bauen sich alle große Netze,
gründlich, stark und ohne Hetze.

Noch schlauer sind ja jene Spinnen
mit Netzen draußen und nicht drinnen,
vor Fensterrahmen klug gehangen,
um nächtens Beute viel zu fangen.

Denn so 'ne Spinne auf der Lauer,
schaut wartend um sich viel genauer.
Zu tun hat sie ja weiter nichts.
Sie bleibt im Schatten fern des Lichts.

Und wenn der Mensch die Dunkelheit
im Raum mit Lampen wohl vertreibt,
dann schwirren Motten, Käfer, Fliegen,
die von dem Licht genug nicht kriegen.

Sie landen in der Spinne Fänge
und werden alsbald Snack-Gehänge.
So ist die Spinne schwer am werken
und muss dann auch ihr Netz verstärken.

Am nächsten Morgen, noch verschlafen,
Mensch und Spinne sich dann trafen.
Das Fenster auf, den Kopf bewegt,
der Mensch auch gleich im Netz festklebt.

Schon fuchtelt er wie ein Berserker.
Die Spinne aber, die war stärker.
Sie spann des Menschen Kopf gleich ein
und dann den Rest bis hin zum Bein.

Fragt nicht, wie groß die Spinne war.
Sie war echt riesig, das ist klar.
Und nachdem sie den Menschen hatte gefressen,
war ihr Umfang kaum noch zu messen.

Diese Spinnengeschichte habe ich mal geträumt,
doch seit meinem Traum hab' ich nie versäumt,
aus den Fensterecken die Netze zu entfernen.
Man kann aus seinen Träumen durchaus was lernen.

Begegnung im Wald

Was hab' ich da neulich im Wald geseh'n,
versteckt hinter Sträuchern auf einem Bein steh'n,
das andre Bein lässig am Baum abgestützt,
das Schuhwerk war lose, das Hemd war verschwitzt?

Ein Wandersmann war es, der hier nach der Rast
den Senkel sich band ohne Eile und Hast,
als hätte er wohl alle Zeit dieser Welt.
Seinen Stock hatte er am Baum abgestellt.

Der Rucksack lag offen ein paar Meter weg,
der Inhalt verstreut zu einem Berg Dreck,
als hätte der Wandrer nach etwas gespürt.
Vom Anblick des Rucksacks war ich irritiert.

So sehr, dass es mir völlig entging,
dass der Wanderer zu keuchen anfing.
Und als des Schnaufens ich plötzlich gewahr,
da war ich bereits in höchster Gefahr.

Vertieft in Gedanken sah den Rucksack ich an.
Ich drehte mich um. Hinter mir stand der Mann,
in der Hand einen Senkel, wie für Schuhe gedacht.
In diesem jedoch waren Knoten gemacht.

Vor Schreck war ich sprachlos, starr und gelähmt.
Der Mann sah mich an, senkt' den Blick wie verschämt.
Dann hielt er den Senkel mir dicht vors Gesicht.
Die Knoten vor Augen dacht' ich: "Bitte nicht!"

Dann wurde mir schwarz und in Ohnmacht ich fiel.
Von dem, was nun kam, merkte ich nicht mehr viel.
Als ich aufwachte, war der Mann schon verschwunden,
und meine Schuhe waren mir neu gebunden.

Sie drückten so sehr, dass das Blut nicht mehr floss.
Vor der nächsten Ohnmacht jedoch, da beschloss
ich, die Senkel zu lösen. Es war Eile geboten.
Mit einem Mal sah ich in den Senkeln die Knoten.

Daneben ein Zettel mit krakliger Schrift,
eine Münze, ein Apfel, ein gebrochener Stift.
"Verzeihung", stand geschrieben "es tut mir sehr leid,
aber mit meinen Senkeln wäre ich nicht mehr weit
                                    gekommen,
darum habe ich mir Ihre genommen."

Mir schien, als wär' mir nicht mehr passiert.
Nur mein Selbstbewusstsein war ramponiert.
Mit zu engen Schuhen stapfte ich wieder heim
und kaufte gleich ganz viele Schnürsenkel ein.

Also kann ich nur jedem Wandrer empfehlen,
sich ausreichend Senkel immer mitzunehmen.
Die Erfahrung, die ich im Walde gemacht,
hätte mich vor Schreck beinah umgebracht.

Rationierter Raum

Der Platz ist kostbar,
der Platz ist knapp,
drum schaffen wir jetzt
die Friedhöfe ab.

Warum sollte, wer tot ist,
auf ewig liegen
und die Lebenden
um ihren Wohnraum betrügen?

Würd' man über den Gräbern
Häuser errichten,
könnt' den Lebensraum man
gleich enorm verdichten.

Weil die Friedhöfe aber
den Städten gehören,
würden sich die Spekulanten
als erstes beschweren.

Architekten sollten sich
mit Ideen bewerben
für Wohnraumbeschaffung
mit integriertem Sterben.

Die Gruften im Keller,
Gräber auf dem Dach,
an den Wänden die Urnen
vieltausendfach.

Die Bedeutung
"Mehrgenerationenhaus"
würde heißen, auch als Leiche
zieht man noch nicht aus.

Die Flächen der Stadt
wären nicht mehr verschwendet.
Im Extremfall wär' man
hier geboren und verendet.

Sieht so die Zukunft
der Menschheit aus?
Außer dass der Platz knapp ist,
weiß man noch nichts genau's.

Der 2. Mai

Was ist am 2. Mai passiert?
Gibt 's jemand, den das interessiert?
In China fiel ein Fahrrad um.
In Asien biegt man Bananen krumm.

(1800) Wasser wurde durch Elektrolyse gespalten.
(1874) Karl May hat wieder die Freiheit erhalten.
(1989) Der Eiserne Vorhang begann zu fallen.
(2011) Man tötete den schlimmsten Terrorist von allen.

(1519) Die Da Vincis verloren ihren größten Verwandten.
(1656) Sieben Achtel der Stadt Aachen verbrannten.
(1729) Katharina die Große wurde geboren.
(1863) "Stonewall" Jackson hat sein Leben verloren.

(1988) Die Ökobank eröffnete in Frankfurt am Main.
(2008) Ein Zyklon drang tief in Myanmar ein.
Und 2018 ist Erdüberlastungstag
in Deutschland. Der internationale noch kommen mag.

Wir verbrauchen die Ressourcen der Generationen,
die in der Zukunft erst auf der Erde mal wohnen.
Für die Menschheit werden noch 1-2 Erden gebraucht,
denn unser Planet ist missbraucht, verbraucht
                            und ziemlich geschlaucht.

Tagträumerei

Wenn ich statt zwei vier Beine hätt'
und auch vier Arme, das wär' doch nett,
ich könnte viel mehr bewegen.
Hätt' ich dazu einen zweiten Kopf,
einen zweiten Mund, den voll Nahrung ich stopf',
zwei Gehirne, das wär' doch ein Segen.

Die Langweile wäre ein Fremdwort mir,
da ich jederzeit mit mir selbst diskutier',
und ich wäre mir Partner beim Wandern.
Ich könnt' stricken, während ich Briefe schreib',
mit mir Karten spielen zum Zeitvertreib,
denn ich bräuchte niemals einen andern.

Doch was würde ich tun, wenn ich mit mir streit'?
Wir wären zusammen für alle Zeit.
Tag und Nacht das gleiche Gemecker.
Also bleibe ich lieber eine Einzelperson
und kann jedem Partner mit Rausschmiss droh'n,
sobald er mir geht auf den Wecker.

Da geht doch noch was

Was nicht passt, wird passend gemacht.

Das wär' doch gelacht,
wenn es überall kracht,
weil man nicht bedacht,
dass Nähte leicht platzen
durch verrenktes sich Kratzen.

Das pfeifen die Spatzen
von den Dächern laut runter
so frech und so munter.
Es wird immer bunter.
Gerissene Nähte
flickt unsre Käthe.

Sie nimmt die Geräte,
Nadel und Faden,
zu beheben den Schaden.
Doch gegenüber im Laden
gibt es günstig und billig
für den, der kaufwillig
was Neues. Echt chillig
ist doch der Verzicht auf Reparatur.

Man legt einfach eine Klamottenspur
zum Altkleider-Container. Die Konjunktur
ist heute ganz anders aufgebaut,
weil man nur noch auf den Versandhandel schaut.
Und die Kleiderspende will keiner mehr haben.
Manche Länder ersaufen in unsren milden Gaben.

Die sind unter all den Klamotten begraben.
Da ist mancher erstickt.
Er wurde erdrückt.
Das ganze System ist zu verzwickt.
Keiner kann 's mehr verstehen,
das Rad nicht drehen
zurück
ein Stück.
Es muss doch gehen.

Was haben wir übersehen?
Was ist hier am Entstehen?
Hilfe! – Ein Flehen
ruft es ins All.
Dann kommt der Knall.

Und dann trägt die Erde einen Overall.

Abramakabra

Wenn es dunkel wird und der Vollmond scheint,
ja, dann sind die lustigen Leichen vereint.
Sie tanzen am Friedhof die ganze Nacht.
Dort wird auch gespenstisch und grausig gelacht.

Und schiebt sich eine Wolke mal vor den Mond –
das sind die Nachtgestalten natürlich gewohnt –
dann wird 's zwar beklemmend und schaudervoll.
Im Dunkel tanzen sie den Totentanz wie toll.

Doch weil sie nichts seh'n in der Finsternis,
da stolpern sie auch. So viel ist gewiss.
Sie hauen sich an den Steinen die Knochen wund.
Doch sie sind ja schon tot, drum singen sie "Na und!"

Sie singen "Na und!" wirklich schauderhaft
mit Dissonanzen, die kein Lebender schafft.
Und wer ihr entsetzliches Singen gar hört,
der bleibt für den Rest seines Lebens verstört.

So unheimlich wie diese Stimmung auch sei,
beim Sonnenaufgang ist sie wieder vorbei.
Die spukhaften Schatten vergehen im Licht.
Die Gräber bei Tage sind zum Fürchten ja nicht.

Doch beim nächsten Vollmond geht 's gespenstig her.
Es gibt inzwischen der Leichen noch mehr.
Von Woche zu Woche wird der Friedhof voller
und die dämonische Schar treibt 's immer toller.

So geht es dahin seit dem Mittelalter,
doch schließlich erkennt der Friedhofsverwalter,
dass die düstere Stimmung bei den Gräbern bei Nacht
wirkt langsam aber sicher gespensterhaft.

Was ist da nur los? Ihm ist 's nicht recht geheuer
und er fragt sich, ob die Geister etwa
                                    werden hier scheuer.
Früher war hier die Stimmung doch echt diabolisch.
Und jetzt diese Ruhe, so total melancholisch.

All die Jahre und Jahrzehnte war es hier furchterregend,
doch inzwischen ist der Friedhof gähnend leere Gegend.
Nicht mehr schrecklich, nicht mehr gräulich
                            und schon gar nicht mehr schaurig.
Gar kein Spuk mehr, das findet der
                            Friedhofswächter traurig.

Doch natürlich wird ihm geisterhaft bewusst,
was die Ursache ist für den schrecklichen Verlust.
Das ist die See-, die Diamanten- und
                            die Feuerbestattung.
Kein Geister-Nachschub kommt mehr
                            bei dieser Gattung.

Wenn es dunkel wird und der Vollmond scheint,
dann sitzt der Friedhofswärter auf dem Grabstein
                                        und weint.
Er findet die Einsamkeit grauenhaft,
denn natürlich wird sein Job auch bald abgeschafft.

Und so bringt er sich um, lässt im Grab sich bestatten,
auf dass die Geister noch einmal Nachschub hier hatten.
Bei Vollmond tanzt auch er nun den Totentanz.
Gruselig und schauervoll. –
                    "Na und!" singt er zur Dissonanz.

Öfter mal die Klappe halten

Wie konnte ich nur? Was hat mich geritten?
Wieso konnte ich meine Klappe nicht halten?
Weshalb ist denn niemand hier eingeschritten,
mich zu hindern am verbalen Entfalten?

Nun ist es geschehen, die Worte gesprochen.
Ich krieg' sie in den Hals nie wieder zurück.
Am liebsten hätt' ich mich gleich verkrochen,
entzogen jedem verächtlichen Blick.

Das Schweigen, das sich nun ausgebreitet,
die eisige Stille rings um mich herum,
das ist ja viel schlimmer, als wenn man laut streitet.
Das vernichtende Urteil erteilt man mir stumm.

Es hilft nichts, ich muss um Entschuldigung bitten,
und zwar schnell, bevor doch noch einer was sagt.
Solche Schmach hätte ich ja niemals erlitten,
hätte ich nur geschwiegen und mich nicht beklagt.

Doch plötzlich beginnt in der Menge ein Lachen,
das breitet sich schnell auf jedermann aus.
Ich sollte mich nicht so wichtigmachen.
Das bestätigt man mir nun freiheraus.

Mann, bin ich froh, noch mal gut gegangen.
Das hätte echt richtig schlimm enden können,
hätte einer da einen Krieg angefangen ...
Nein, man darf sich in so einem Fall nicht verrennen!

Radlkönig

Wer radelt so schnell durch Nacht und Wind?
Zwei Mountainbiker auf dem Heimweg sind.
Sie rasen geschwind in höchstem Alarm.
Es verfolgt sie grimmig ein wütend' Gendarm.

"Bleibt stehen! Ihr beide entkommt mir ja nicht!"
Auf die Festnahme sind die zwei nicht erpicht.
Die Pedale quietschen, es qualmt jeder Reif'.
Die Anstrengung macht jeden Muskel steif.

"Fahr schneller, er hat uns schon im Visier."
"Glaubst du, dass ich das nicht kapier'?"
Bergauf, bergab, die Fahrt rasant,
mal übern Fels, mal durch den Sand.

"Bleibt stehen!" klingt es und zwar schon ganz dicht.
Den Bikern schwindet die Zuversicht.
Man hofft, dass man dem Gendarmen entrinnt.
Der Weg geht bergauf, von vorn kommt der Wind.

Das Gelände lässt sich kaum überseh'n.
Die beiden Radler sich Hilfe erfleh'n.
Sie radeln verzweifelt dann querfeldein,
der Gendarm auf den Fersen, er folgt hinterdrein.

"Bleibt stehen!" so schreit er in einem fort.
Die Fluchtgeschwindigkeit ist Rekord.
Bald wird es dem ersten Biker ganz flau.
Auch der zweite ist im Gesicht schon ganz grau.

"Ich kann nicht mehr!" erschöpft er lallt.
"Und bist du nicht willig, so brauch ich Gewalt!" –
"Ich kann nicht mehr, du elend' Tyrann!
Das ist doch ein beschiss'nes Trainingsprogramm."

Der erste Biker kein Mitleid empfind't,
dem Gendarmen, dem Trainer
                        die Kraft auch entschwind't,
erreicht die Biker mit Mühe und Not.
Dann kollabiert er und er ist tot.

Der Charme-Bolzen vom Weihnachtsmarkt

Am Weihnachtsstandl ich oft glüh',
im Glühweinrausch den Charme versprüh'.
Ich fühle mich als Weihnachtsbengel,
der auf der Jagd nach Weihnachtsengel
genießt die stade Weihnachtszeit
und ist für alles doch bereit.

Und beißt ein hübsches Engerl an,
dann zeig' ich ihm, was ich so kann.
Ich hol' vom nächsten Standl munter
erst mal ein Sternlein für es runter.
Dann geh' ich zum Maroni-Stand
und schwupps, schon frisst 's mir aus der Hand.

Die Weihnachtsmärkte alle hier,
die sind mein Lieblingsjagdrevier.
Wenn ich erst einen sitzen hab',
dann halt' ich alle gleich auf Trab.
Ich trink' gern Feuerzangenbowle
auf meins und all der andern Wohle.

Und kann ich dann nicht grad mehr steh'n,
dann könnt ihr staunend auch noch seh'n,
wie ich mit Engerl an der Seite,
eins rechts, eins links, von dannen schreite.
Und weiteres passiert auch nicht,
weil ich bin schließlich hackedicht.

Am Froschteich

Zwei Frösche in der der Pupertät
trafen sich zum Tête-à-tête.
Quak Quak

Sie wussten nicht, wie sowas geht,
drum kam die Fröschin gleich zu spät.
Quak Quak

Der Frosch hat sich recht aufgebläht,
weil er ganz leicht in Wut gerät.
Quak Quak

Die Fröschin hat darauf diskret
die hübschen Äuglein leicht verdreht.
Quak Quak

Der Frosch kämpft schon mit dem Sekret,
während sich um ihn die Welt verdreht.
Quak Quak

Die Fröschin denkt sich: "Da ist was faul."
Der Frosch hängt an des Storchen Maul.
Klapp Klapp

So kann es gehen, wenn man Sekret-gesteuert.
Die Fröschin hingegen – gar nicht bescheuert –
hat sich sogleich vom Acker gemacht.
Doch sie wartet noch auf ihre Liebesnacht.
Quak Quak   Klapp Klapp   Quak Quak

... wohlbedacht
noch einen Reim gemacht